AUTOUR DE

YVES GAUCHER

Autour de Yves Gaucher a été publié à l'occasion de l'exposition *Yves Gaucher 1957-1996, profil 40 années de gravure* à la Galerie Simon Blais, du 16 octobre au 23 novembre 1996.

Page couverture
Trinôme, bois de fil sur papier goyu et osakawa, 63 cm x 91 cm, 1996.

Photographies des planches : Pierre Charrier

Cet ouvrage a été publié grâce à l'aide financière du Conseil des arts du Canada et de la Société de développement des entreprises culturelles (SODEC).

Le Loup de Gouttière
347, rue Saint-Paul
Québec (Québec)
G1K 3X1
Tél. : (418) 694-2224
Téléc. : (418) 694-2225

Dépôt légal, 3ᵉ trimestre 1996
Bibliothèque nationale du Québec
Bibliothèque nationale du Canada
ISBN 2-921310-30-9
Imprimé au Québec

AUTOUR DE

Yves Gaucher

GASTON ROBERGE

Le Loup de Gouttière

DU MÊME AUTEUR

Autour de Jean McEwen, Québec, Le Loup de Gouttière, 1995.

Autour de Marcelle Ferron, Québec, Le Loup de Gouttière, 1995.

PRÉLUDE EN DEUX TEMPS

Yves Gaucher

SINFONIA

Le goût de l'art n'est pas inné. Il ne s'acquiert jamais définitivement, il se cultive. Au début, de crainte de se perdre, on cherche une référence au monde réel. Pour qu'on puisse s'y sentir à l'aise, l'objet d'art doit correspondre à quelque chose de tangible, de connu. Mais on a tôt fait de s'apercevoir que même le paysage le plus fidèle n'est pas la réalité. La photo est truquée, il y manquera toujours ce qui était derrière l'appareil. Et, dans les deux cas, quelqu'un a choisi et placé délibérément les éléments. Puis, les représentations qui nous sont signifiantes changent en même temps que nous. Elles évoluent. On passe de la recherche du connu à celle des émotions, moins facile à décrire. On se trouve un jour devant un tableau dont les signes nous parlent, l'objet d'art qui nous touche, l'œuvre qui nous change. Vient un moment où on s'intéresse à l'art comme à la musique, passant de Mingus aux chants byzantins et de Webern à Perotin, d'un continent à l'autre et d'un siècle à l'autre dans une seule journée; simplement parce que la somme de ces musiques compose un tout, une image sonore du monde tel qu'on aime à se le représenter, éclaté et complexe. Vient aussi un moment où l'idée qu'on se fait du monde semble arrêtée, un moment confortable où l'on s'installe, immobile, avec nos seules images en guise de savoir. Comme si le monde était immuable...

DUO

J'ai abordé l'œuvre de Yves Gaucher avec toute la mauvaise foi du monde, en penchant franchement du côté de la fumisterie plutôt que du génie. Je n'en connaissais que les grandes plages uniformément grises qui me laissaient bien froid. Je ne comprenais pas que d'autres, toute une génération, puissent être touchés par ce type d'art minimaliste.

Quand, au risque de me voir rabroué, je lui ai exprimé ma... réserve, il n'a pas semblé surpris outre mesure. Et nous avons poursuivi l'entrevue comme si de rien n'était.[1]

« Tout m'influence, avait-il commencé, le vin que je bois, la musique que j'écoute, ma femme. Tout, mais rien de façon spécifique. »

Il m'avait déjà raconté comment il avait découvert le jazz, la calligraphie chinoise, les philosophies orientales, et comment il avait trouvé dans la peinture une dimension plus grande que l'être humain : une espèce d'émotion profonde et récurrente.

« C'est pour moi, comme peintre et individu, une façon plus directe d'arriver où j'essaie d'arriver.

---

1. Les citations, bien que remaniées pour faciliter la lecture, ont reçu l'approbation de l'artiste. Cela vaut pour tout l'ouvrage.

Ce qui n'est pas de faire absolument une image arrêtée ou qui ne se dépasse pas, mais bien une image qui dit plus que sa dimension réelle. Une dimension profonde de l'esprit. Une expérience. Une espèce d'émotion récurrente. »

J'avais de la peine à me concentrer sur ce qu'il disait. On me l'avait décrit comme un être sérieux, sinon austère, voire une tête de cochon. Et jusqu'à maintenant, il m'apparaissait plutôt volubile et articulé, avec cette réserve palpable qu'ont les gens qui ont vu et à qui on a fait voir beaucoup de choses. Il a remis du vin dans nos verres et commenté ce que nous buvions. Je me souviens avoir pensé que si je ne réussissais pas à m'attacher à l'œuvre, le personnage, lui, était passablement intéressant.

Au fil des cassettes que j'aurai à retranscrire, fournissant à la fois les questions et les réponses, il m'a raconté sa vie en forme de casse-tête, des morceaux la plupart du temps sans lien apparent entre eux. Et, comme un félin racé, il retombait toujours sur ses pattes en prenant un malin plaisir à me laisser suspendu au-dessus du vide.

« Il y a un dénominateur commun chez tous les artistes, bons ou mauvais : c'est qu'on a tous commencé par peindre des croûtes. À quel moment est-ce qu'on n'en fait plus ? C'est quand on devient assez prétentieux pour dire que c'est bon. Face à leur œuvre, les artistes ont autant d'humilité que d'orgueil... »

Cascade. Sentez-vous le vide ?

De sa période de croûtes, Gaucher a tout détruit. Il n'en reste rien. Il faisait une série avec des oiseaux, des natures mortes aux poissons, du paysage. À un moment donné, un peu perdu, il va voir Suzanne Rivard, son ancienne professeure à l'École des beaux-arts, qui accepte de regarder ses toiles fièrement déballées devant elle. Réaction : « C'est toi qui as fait ça ? C'est mauvais ! Avant, tu avais des qualités... Qu'est-ce qui te prend ? Si tu veux me remontrer des tableaux, il faudra que tu fasses autre chose que ça ! »

Bref, dans le genre mur de briques qui vous tombe dessus, celui-là faisait deux étages. Rentré à pied chez lui, ses tableaux sous le bras, il a tout jeté, peinture, pinceaux et tableaux. Puis, il a marché toute la nuit.

« Je ne comprenais pas, moi je trouvais ça bon. Le lendemain matin, je passe devant mes poubelles. Tu sais, ça coûte cher le matériel, j'ai récupéré mes pinceaux et mes couleurs... mais j'ai laissé les tableaux là. Puis, j'ai recommencé à travailler. Tranquillement. Là, c'était sérieux. Plus de folies à faire. Jamais quelqu'un allait me redire ça. Ça fait trop mal... J'ai beaucoup apprécié le geste de Suzanne, pas sur le coup peut-être mais ça n'a pas pris de temps. Me faire taper dessus a probablement été l'événement qui a eu le plus d'importance dans mon travail parce que tu ne veux pas que ça se répète. Jamais. N'eût été de cet incident, je ferais peut-être une peinture insignifiante, sans rigueur ni connaissance... J'ai lâché les oiseaux. »

Du coup, j'ai perdu mes scrupules. Avant moi, Yves Gaucher en a vu d'autres et des plus coriaces. Nous avons poursuivi les entrevues et il me faudra attendre la toute dernière pour que l'affaire de la fumisterie ressorte. Et, tout comme moi, vous devrez patienter jusqu'à la fin pour connaître la chute.

UN PEU D'HISTOIRE

DA CAPO

Nous sommes au milieu des années 50, au cœur des chicanes entre les figuratifs qu'on traite allègrement d'imbéciles et les abstraits qui prétendent créer alors que c'est une prérogative divine. Deux groupes composent les abstraits : les automatistes qui peignent avec leurs tripes mais qui n'ont pas de tête, et les plasticiens qui peignent avec leur tête mais sans cœur. Polarisées autour des figures montantes, les tendances s'affirment en chapelles. Qui n'en n'est pas ne comprend rien à la peinture. Toutes les mesquineries sont de rigueur, certaines courent encore. Les musées présentent de la peinture moderne... du siècle dernier.

Outre quelques travaux scolaires, Gaucher avait commencé à dessiner en faisant des plans de cargo pour un armateur. Puis, il s'était fait la main sur des encres réalisées d'après nature. Un beau jour, voulant un avis, il va montrer ses dessins à Arthur Lismer, alors administrateur et professeur au centre d'art affilié au Musée des beaux-arts de Montréal. Lismer lui reconnaît un certain talent, mais lui recommande de travailler sérieusement et de prendre des cours. Le jeune Gaucher s'inscrit à l'École des beaux-arts pour travailler fort, mais il a vite l'impression de perdre son temps. L'année suivante, il est expulsé pour insubordination.

Pour gagner un peu d'argent, Gaucher travaille à l'École des beaux-arts comme modèle dans des classes de dessin. Il apprend beaucoup de choses en écoutant les professeurs, surtout ce qu'il ne faut pas faire quand on enseigne. « ... et de toute façon, l'art ne s'enseigne surtout pas. » La classe dirigée par Cosgrove n'est pas fréquentée et dispose d'un budget pour un modèle. Opportuniste, le modèle se fait élève et est payé pour apprendre à dessiner.

Après l'École des beaux-arts, sans avoir jamais suivi un cours de peinture, il s'est retrouvé tout seul et sans préparation, confronté à la très artistique réalité du : qu'est-ce que je peins maintenant ?

« En sortant de l'École, je n'étais pas préparé à ça. J'ai trouvé ça dur. Je n'ai pas pris de décision. Je peignais n'importe quoi, mais je peignais. Je me disais : laisse-toi découvrir le langage, on verra bien plus tard si t'as quelque chose à dire. J'ai commencé à faire des grands tableaux, des paysages. C'est la référence la plus facile. Je travaillais fort et ce que je faisais était franchement mauvais... Je n'étais même pas un artiste : j'étais un gars qui essayait de faire de la peinture. Pour moi, un artiste c'est quelqu'un qui assume ce qu'il fait. Moi je barbouillais. Je fréquentais le milieu des artistes mais leurs théories et leurs chicanes de clochers ne me touchaient pas. J'ai décidé d'aller à New York pour écouter du jazz et voir ce qui s'y faisait. C'était moins loin que Paris et ça m'attirait plus. C'est là que j'ai fait mon éducation. J'y retournai le plus souvent possible. »

D'un naturel peu collégial, sinon franchement indépendant, Gaucher cadre mal dans ce décor de chapelles et de clochers.

« Je comprenais ce qu'ils faisaient, mais je ne voulais tout simplement pas faire le suiveux. Moi je voulais faire de la peinture pour m'affirmer, je n'étais quand même pas pour me mettre un joug, quel qu'il soit. »

Bien sûr, il était content qu'Albert Dumouchel l'invite à venir travailler dans son atelier de gravure, mais sans plus. Pendant trois ans, il apprend à vivre en même temps que les diverses techniques de la gravure.

Gaucher aime réfléchir avant, pendant et après ses gestes de création. Mal à l'aise avec la peinture parce que trop spontanée – tout geste posé sur la toile change radicalement le tableau – il découvre que les temps d'attente entre les étapes d'impression de la gravure sont des moments propices à la réflexion et à la rétrospection. Le long processus aux étapes multiples devient vite son mode d'expression idéal. Imprimés et placés côte à côte, les différents états composent une espèce de phrase qui permet de comprendre le cheminement de l'artiste depuis le début. Une mauvaise décision, prise précédemment, devient alors évidente et peut être rattrapée.

Pendant sept ans, il se consacre presque exclusivement à la gravure.

« Mais la technique n'était rien d'autre qu'un moyen, pas une fin. Elle me permettait d'accomplir ce que je cherchais. »

Chez Dumouchel, il produit quelques eaux-fortes intéressantes, charnières pour les gravures qui suivront.

ALLEGRO VIVACE

En 1960, Gaucher achète sa propre presse qu'il installe dans un grand atelier. Alors là, ça déboule. Il expérimente, découvre, détruit, et recommence. Il déborde des contraintes techniques, il superpose les modes d'intervention, il invente les reliefs et les papiers laminés pour les supporter. Il produit des gravures qui plaisent au point où les tirages s'envolent en quelques jours. Il remporte prix sur prix. En trois ans, il devient l'artiste dont les gravures se vendent le plus cher au Canada.

Quand il ne travaille pas douze heures par jour, il est en voyage et accumule les coups de cœur. Une véritable éponge. La calligraphie chinoise abstraite : « Une révélation... j'ai passé des heures à regarder ça... »; une rétrospective Rothko à New York : « Terrible, j'ai eu un choc effrayant, je ne pensais pas qu'on avait le droit de faire des tableaux aussi grands... »; les philosophies orientales, la musique, les papiers japonais, la culture précolombienne... Puis, lors d'un voyage à Paris, il prend conscience que ses racines nord-américaines nourrissent un tronc européen. (!)

Il pousse ses recherches plastiques encore plus loin. Les formes se synthétisent. La ligne droite apparaît. Il veut dire quelque chose, mais de façon plus claire et plus profonde. « Il me semblait beaucoup plus efficace de simplifier la forme pour la rendre fonction, plutôt que de la garder comme signe. » Parti de formes floues et organiques, l'œuvre commence à contenir des éléments épurés, géométriques.

À Paris, la découverte de la musique de Webern transforme Gaucher.

« En concert, ces pièces étaient d'une clarté extraordinaire, d'une grande limpidité. C'était comme des cellules de son projetées qui éclataient dans l'espace. C'est ça... des cellules qui étaient laissées dans l'espace. »

De retour à Montréal, il travaille comme un fou, sept jours sur sept. En quelques mois à peine, les œuvres s'épurent. Des centaines de dessins et un tas de planches plus tard, il imprime la suite *En hommage à Webern*. L'œuvre charnière, signifiante, mature... et la catastrophe commerciale.

Gaucher était allé trop loin.

Les gravures ne se vendent plus au point où il doit réduire les dépenses au strict minimum. Il laisse le bel atelier trop cher et imprime le troisième des quatre *Webern* dans un atelier de la rue Albert à Saint-Henri loué pour 60 $ par mois. Le quatrième *Webern* de la série ne sera jamais imprimé. Après *Espace activé*, persuadé d'avoir épuisé les possibilités du médium, du moins pour le moment, Gaucher se remet à la peinture. Il ne reviendra à la gravure que sporadiquement.

ARIA

Un peu ébranlé, Gaucher poursuit tout de même ses recherches en s'attardant à l'aspect purement physique des tableaux. En travaillant sur le concept de la perception, il prend conscience qu'un tableau est avant tout une situation, une expérience que l'artiste fait et propose.

> « Quand tu regardes attentivement un tableau, tu passes d'un phénomène de perception de surface, de la délectation de l'œil dans les textures, pour aller directement à l'essentiel. »

Il lui est essentiel également que l'objet d'art, en tant que surface de lumière colorée, permette au spectateur de participer au tableau.

> « Je veux bien que les gens qui regardent mon tableau aient une expérience de ce tableau, mais que ce soit la leur, pas la mienne. Mon expérience, je l'ai faite. Aussi, j'évite de donner des titres poétiques à mes tableaux. Parce que ça oriente trop la perception du spectateur qui cherche un sens au tableau dans la poésie du titre au lieu de percevoir le tableau. Ça devient de l'information. »

À partir des *Webern*, donc, et jusqu'en 1969, Gaucher établira les nouvelles bases de son vocabulaire. Les lignes sur des champs de couleur uniforme créent le rythme qu'il cherchait à donner aux tableaux : une séquence de signes interreliés plus importante que la somme des éléments. Gaucher travaille de plus en plus en série. Les tableaux eux-mêmes deviennent des signes et forment un tout uniquement quand on les regarde les uns par rapport aux autres.

En parlant de l'exposition des *Tableaux gris*, l'artiste dit :

« Pris individuellement, chacun des tableaux était bien un tableau gris. En situation, ça devenait tout coloré : rouge, bleu, vert, mauve, jaune... J'avais réussi. L'expérience esthétique était bien plus que l'alignement des toiles et que la somme de leur nombre. L'installation devenait l'œuvre. »

Théorique ? dites-vous. Allons donc...

On peut facilement imaginer que l'échec commercial des *Webern* soit pour quelque chose dans l'abandon de la gravure. Paradoxalement, le succès international des *Tableaux gris* est si important que toute la critique considère désormais les *Webern* comme la charnière de l'œuvre, celle qui aura permis la réalisation des *Tableaux gris*. À ce sujet, la revue de presse est éloquente. Dans l'Ouest canadien, puis en Angleterre, l'exposition des *Tableaux gris* est un véritable triomphe.

Depuis 1965, Gaucher ne grave plus, il peint. Dorénavant, il enseignera les techniques de la gravure à l'atelier qu'il a fondé à l'Université Sir George Williams.

« On me considère comme un professeur très dur. Ça m'arrive de taper un peu fort sur un élève, mais seulement quand c'est quelqu'un qui en vaut vraiment la peine. »

Des tableaux, Gaucher en produit ! Dans les galeries et les musées, les expositions se suivent à un rythme essoufflant. Partout, au Canada, aux États-Unis, en Europe, les tableaux se vendent beaucoup et cher. Partout sauf à Montréal. D'abord refusée en 1969 par le Musée d'art contemporain parce que jugée sans importance, l'exposition *Tableaux gris*, saluée par la critique à Vancouver, à Londres, à Paris et aux États-Unis, ne sera montrée à Montréal qu'en 1976, au... Musée d'art contemporain.

Il faut dire que Gaucher n'avait pas toujours le don de se faire des amis. Quelques années plus tôt, le directeur du Musée des beaux-arts de Montréal, en remettant à Gaucher le chèque du prix d'exposition qu'il remportait à *Sondage 68*, lui avait glissé à l'oreille : « Ça fait très cher la ligne ! » Il s'était fait répondre crûment : « C'est ça, tu t'es fait *fourrer* ! »

> « Je n'ai jamais senti autant d'agressivité que la première fois où j'ai présenté un tableau gris. On a même été jusqu'à me dire que je n'avais pas le droit, moralement, de faire ces tableaux-là, et de les présenter comme des œuvres d'art. Jusqu'à Moos, mon galeriste à Toronto, que j'ai surpris en train de ridiculiser une de ces huiles devant un collègue à lui, un galeriste américain. Fait que, en 1970, lors de mon exposition à sa galerie, je me suis présenté au vernissage deux minutes avant la fermeture, mon repas avec Germaine s'étant, disons... étiré. Hormis Moos, j'ai toujours eu de très bons contacts avec les galeristes, mais avec certains musées c'était autre chose. Ça doit venir de mon côté capricorne ascendant Breton ! »

De 1969 à 1975, tout change. Vision, direction, retour en arrière. Un moment d'hésitation dans toute la production, pas le premier... et pas le dernier.

Incapable de répéter ce qu'il a déjà fait, même ce qui marche bien, Gaucher arrive, en 1969, au bout des gris.

« Je me suis rendu compte que je ne pouvais pas
mener cette série plus loin. Et je savais que si je
continuais, je ne pourrais que me répéter. Alors,
histoire de me donner une nouvelle base, des
données pour reconstruire et repartir dans une
autre direction, je me suis arrangé pour tout faire
exploser. »

Boum. Il produit alors un immense tableau rouge
de 9 pieds sur 15 : une toile toute couverte d'un
rouge phosphorescent, commercial, avec des coulures à
l'américaine, pour l'exposition *Grands formats* au Musée
d'art contemporain. Un triomphe, ou enfin presque.
Le tableau rouge, poétiquement intitulé *R-69*, retenait
toute l'attention... au détriment des tableaux des confrè-
res d'exposition.

« Je venais de faire éclater toutes les notions de
non-espace, de non-physicalité, de non-couleur, etc.,
qui guidaient ma recherche depuis des années. »

Suivra une période plus ou moins longue (avec des
rechutes de temps en temps) que l'artiste qualifie de
« flirt avec le feu », période où les tableaux changent et
où apparaissent d'autres éléments qui composent de
nouveaux rythmes visuels.

CADENZA

Fidèle à lui-même et ne voulant pas influencer le spectateur dans son « expérience du tableau », Gaucher titre ses œuvres du nom des couleurs qui les composent. Ce sont parfois des codes, parfois simplement *Deux bleus deux gris.*

> « Quand un artiste fait tout pour le spectateur, sa participation créative est piégée. Je me répète, mais cela devient de l'information et c'est le rôle des médias de faire ça, pas le mien. De toute façon, mon œuvre ne véhicule pas de message social ni culturel; mais une expérience humaine essentielle. Je travaille sur moi, je ne tiens pas à changer le monde. »

Si la proposition trouble le spectateur, tant mieux pour lui ! Ce n'est plus du ressort de l'artiste. Pour Gaucher, l'objet d'art ne supporte pas de concession, à moins de vouloir en diluer le contenu.

En 1979, Gaucher termine sa suite *Jéricho.* Des tableaux gigantesques dont la surface divisée en triangles tronqués crée des zones diagonales. Puis, des œuvres de transition jusqu'à la série des *Carrés* (1984). La palette de couleur se modifie lentement et annonce les valeurs plus foncées qui vont suivre dans la série des *Tableaux sombres* exposée en 1988. Il y explore le magnétisme produit par les couleurs sombres. Dans les *Tableaux pâles,* série commencée en 1988, il s'attaque à une gamme de couleurs plus claires, cherchant délibérément à rendre la lumière pure. De sorte qu'on ne peut pas s'empêcher de plonger à l'intérieur de ces grandes masses de couleur. Masses implicitement dérangeantes, aspirantes, tableaux transformés en expériences environnementales à la présence absolue.

À cet égard, la commande pour le hall d'entrée du Musée des beaux-arts de l'Ontario (1992) lui apporte une reconnaissance importante et représente un défi de taille. Il s'agissait d'un mur très long et pas très haut devant lequel s'élèvent un paquet de colonnes. Au-dessus, un puits de lumière à travers lequel on voit le bleu du ciel.

« Le mouvement horizontal donné par la longueur du mur était coupé par les verticales des colonnes, puis par la forme pyramidale du dôme. Et il y avait déjà, sur place, une sculpture de Henry Moore de couleur os. Je savais que j'allais utiliser la couleur os, puis le bleu à cause du ciel et le gris qui est ma couleur fétiche. J'ai travaillé en cherchant à exprimer le stress horizontal, l'agrandissement vertical et le stress diagonal. C'étaient les composantes desquelles je suis parti. Le tableau souligne et transcende l'architecture. »

Pendant toutes ces années, Gaucher a énormément voyagé. Ses expositions l'ont conduit dans bien des coins du monde où il s'est beaucoup intéressé aux architectures, aux antiquités, aux cultures, et assez peu à l'art. Cela fait de lui un individu à la culture vaste chez qui on sent l'érudition, le savoir des choses, sans qu'il n'en soit jamais question explicitement. Dans le milieu de l'art, l'inverse est souvent plus courant.

Yves Gaucher est un individu attachant, rieur et bon vivant. Quant à l'œuvre, et malgré toute ma mauvaise foi au départ, j'ai bien peur de m'être laissé prendre au jeu...

FINALE

Quand, ayant semé en vain des pelures de banane tout au long d'une entrevue, j'ai abordé le concept de l'œuvre ultime, du chef-d'œuvre, Gaucher n'a pas réagi tout à fait comme je l'avais imaginé : « L'œuvre ultime serait de ne plus avoir besoin de faire des tableaux. » Intéressant, murmurais-je, le regard torve. Puis, du même souffle, il a enchaîné :

« Je ne peins pas pour passer le temps en attendant la mort. J'ai comme un engagement. Quelque chose à dire en bout de ligne. Et tant que je serai capable d'aller plus loin, je vais continuer. J'arrêterais si je perdais le fil, le contrôle ou encore, l'intérêt. Bien sûr, j'ai encore du plaisir à peindre mais ce n'est pas l'unique raison qui me pousse à continuer. Je sais que je peux aller encore plus loin. »

M'avait-il vu venir avec mes bananes, hein ? Puis, il a enchaîné avec le mot délicieux de la quatrième de couverture : « Je n'ai pas fait de *chef-d'œuvre*, je me suis fait. Le chef d'œuvre, c'est moi ! » Il a tout de même demandé un temps de réflexion avant de me donner son accord pour publier. Puis il a ajouté : « Le temps dira bien si l'œuvre vaut la peine de rester. Je sais qu'elle dure. »

Sacré félin, va !

PROFIL 1957-1996

40 ANNÉES DE GRAVURE

Bien que, dans la production de Gaucher, la peinture soit importante, ce *Profil* est entièrement consacré aux gravures. Cela n'est pas un jugement de valeur, c'est un choix orienté par les qualités esthétiques et formelles propres à cet œuvre gravé.

Au lieu de nommer et de décrire de façon exhaustive chacune des estampes, ce qui aurait été d'un ennui total pour le non initié, Gaucher et moi avons convenu de choisir et de reproduire les plus significatives. Pendant quatre heures, et avec un plaisir évident de part et d'autre, nous avons fait défiler les œuvres, une à une, en ordre chronologique. Cela a donné lieu à des commentaires parfois sérieux, souvent amusants sur le *making of* de ces pièces. Chacune est décrite d'abord au plan purement technique, puis de façon plus littéraire. Suivent les mots de l'artiste et les réactions du public au moment où les œuvres sont sorties. Et, bien sûr, le tout émaillé de quelques anecdotes.

AUTOMNE

Directement reliée à sa période paysagiste, la première pointe sèche que Gaucher réalise à l'atelier de Dumouchel est une petite chose toute simple, épurée, linéaire et délicatement naturelle.

« Pour la première fois, j'arrivais à établir un contact avec moi-même. *Automne* m'a permis d'identifier une direction à prendre, quelque chose d'extrêmement simple, épuré mais qui parle de façon claire. Au moment où je l'ai faite, je ne savais pas où elle me conduirait. C'est plus tard que j'ai constaté qu'elle annonçait bien des choses... »

Automne

Pointe sèche,
20 cm x 25 cm, numéroté sur 10,
probablement 5 exemplaires imprimés sur Arches,
jamais mis en vente, 1957.

PAYSAGES

La première œuvre abstraite que Gaucher produit s'intitule *Paysages* (!), avec un « s ». « Parce que l'idée du paysage est plus complexe, plus abstraite au pluriel qu'au singulier. » Encore académique, elle démontre toutefois une certaine maturité artistique.

« Tu comprends ce qui se passe maintenant quand tu es capable de lire ce qui s'est passé avant. Tout vient de quelque part. Rien n'arrive par hasard. Je ne suis pas arrivé à la non-figuration par déduction ou par décision, mais par besoin. C'est l'œuvre qui exige la non-figuration. Il faut toujours être à l'écoute de l'œuvre. »

Après, il poursuit son travail et produit quelques œuvres charnières; des gravures sur bois debout, un burin et eau-forte avec des formes rondes qui annoncent les reliefs, quelques peintures en gris... Déjà, la rythmique, le mouvement entre les éléments prend de l'importance. Il touche à toutes les techniques et tente de les superposer.

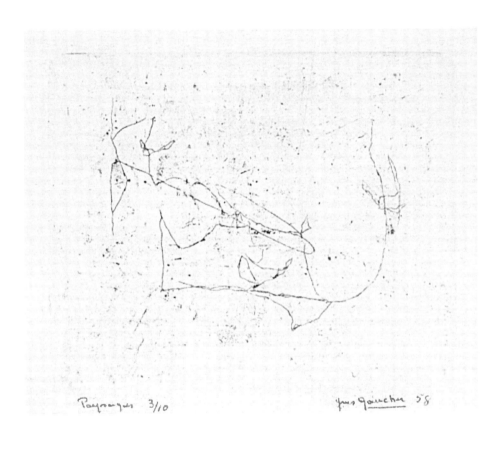

Paysages 3/10   yves Gaucher 58

Paysages
Eau-forte,
20 cm x 25 cm,
probablement 5 exemplaires imprimés sur Arches,
jamais mis en vente, 1958.

LES CRACHATS DE NAPOLÉON

Le relief des *Crachats* a été obtenu en cuisant de la peinture de zinc sur un cuivre. La coloration grise résulte simplement du transfert sur papier de la couleur du zinc après le passage sous la presse.

La première gravure en relief de Gaucher sera baptisée par Dumouchel avec ce mot : « Ah, va-t'en avec tes crachats de Napoléon ! » Parti de l'atelier de Dumouchel pour travailler seul, c'est-à-dire faire ce qu'il voulait, Gaucher s'achète une presse (60 $), l'installe, et expérimente. Pour payer les frais d'atelier, il travaille comme *bell-boy* ou vendeur de brosses Fuller. Il fait sienne la devise d'un collègue, le graveur Jean Faucher : Vivre c'est gravir, alors gravons. Ce qu'il fait.

« Un jour, je travaillais sur *Quadrène* (jamais éditée), composée de quatre plaques posées côte à côte. Puis je me rends compte que l'espace entre deux plaques donne, à l'impression, une ligne blanche en relief. Il suffisait de recréer cet espace sur une plaque pour faire un relief. Alors, j'ai grugé à l'acide une plaque bord en bord, et j'y étais. »

Les crachats de Napoléon

Relief de zinc,
13 cm x 10 cm, 2 exemplaires imprimés sur Arches,
jamais mis en vente, 1960.

LIGNE, SURFACE, VOLUME 1

Au départ, la plaque de cuivre était parfaitement carrée, mais à force de la marteler, un peu comme du cuir repoussé, elle s'est déformée et déchirée. Toute la texture a été obtenue par le transfert des marques déjà existantes sur l'enclume et qui, à force de coups de marteau, se sont gravées dans le cuivre. Dans un coin de l'enclume ayant servi au découpage des plaques, les marques laissées par les coups de ciseau à froid ont produit les textures plus fines. Enfin, pour permettre au cuivre de soutenir la pression de la presse, et au relief de ne pas s'écraser, les creux et les reliefs étaient bouchés avec des morceaux de linoléum fixés à la colle contact à l'endos de la plaque, ce qui remplissait en même temps la déchirure et permettait de l'encrer. Une ligne à la pointe sèche est le seul élément restant de la gravure traditionnelle. Les encres de couleur que Gaucher utilise pour la première fois, de même qu'une bonne partie du matériel, étaient... empruntées à l'École des beaux-arts en échange d'un peu de gin refilé à un appariteur.

> « Là, j'ai commencé à m'amuser avec la technique. Je savais qu'il y avait moyen d'élargir les possibilités du médium, d'aller chercher de nouvelles façons de faire, de voir et de comprendre. Dans le fond, la gravure n'est rien d'autre qu'un transfert sur papier d'une surface dure encrée. *Let's go* ! Sur mon enclume, j'ai martelé une plaque de cuivre au point de la déchirer. Au premier essai réussi, j'ai su que j'avais quelque chose. Je suis retourné voir Dumouchel avec l'épreuve et la plaque. Il m'a demandé de ne pas montrer ça à ses élèves. »

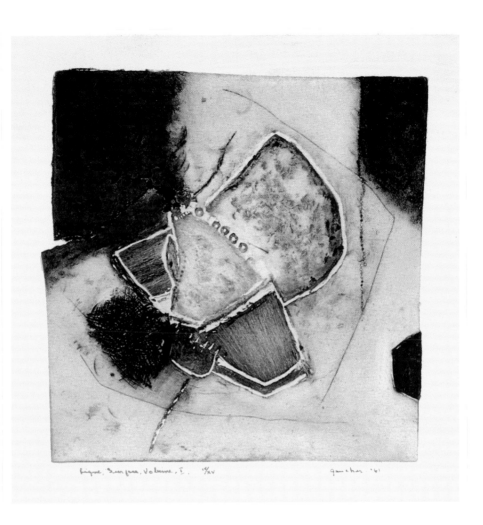

Ligne, surface, volume 1
Pointe sèche et martelage sur cuivre imprimé sur Arches,
25 cm x 25 cm, 2 tirages de 15 exemplaires,
mis en vente à 15 $, 1961.
Œuvre présentée aux biennales de Ljubljana et de Paris,
et primée au Canadian Print Show à Vancouver,
ainsi qu'aux Concours artistiques du Québec, catégorie Autres techniques.

SOTOBA

(en japonais : stèle funéraire)

Plus évoluée que la précédente, *Sotoba* présente des textures riches entièrement obtenues par martelage. Bien que réalisée à partir d'une plaque unique imprimée sur une feuille de papier, les lignes du cadre sont brisées au profit de toute la surface du papier.

« J'ai commencé à laminer deux feuilles de papier tout simplement parce qu'un des reliefs était tellement important que le papier déchirait. Techniquement, *Sotoba* est au même niveau que *Lignes, surfaces, volume 2*, venue un peu après. Les deux ont remporté des prix... Mon père était flatté... Tu te rends compte, mon nom était dans le journal. La découpure est restée longtemps sur le comptoir, bien en vue de la clientèle de sa pharmacie. »

Présentés chez Agnès Lefort, dans le cadre d'une exposition regroupant des graveurs canadiens, les deux tirages se vendent au complet en une semaine et à bon prix pour l'époque.

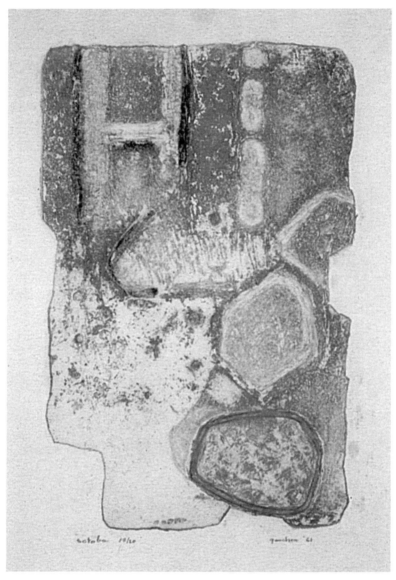

Sotoba

Martelage sur cuivre imprimé sur papiers Arches laminés,
36 cm x 25 cm, tirage de 20 exemplaires suivi d'un second tirage de 15,
numérotés en chiffres romains, mis en vente à 15 $, 1961.
Œuvre primée aux Concours artistiques de la province de Québec
et deuxième prix au Burnaby National Print Show.

ASAGAO

(en japonais : gloire du matin)

Asagao marque la vraie transition, le pas en avant. Elle est le résultat d'un travail acharné et de nombreuses expériences. Elle comporte trois ou quatre points d'intérêt d'égale importance. Chaque forme, dont la texture rappelle l'aspect rugueux des pierres, est colorée séparément. Les notions de temps et d'asymétrie apparaissent dans l'œuvre. Le blanc du papier cesse d'être uniquement support et devient un élément de la composition, au même titre que les éléments gravés. Il prend une part active à l'image. La plaque ne délimite plus l'action, c'est la feuille de papier au complet. Les textures sont toujours celles de l'enclume transférées à la plaque par martelage.

« C'est là que j'ai compris qu'il pouvait avoir des lectures multiples dans une œuvre; qu'on pouvait la lire de différentes façons dépendant de la place spécifique qu'occupent les éléments. Ici, les formes des gravures précédentes reviennent, mais en plus naturel. Elles sont presque figuratives, des roches, mais, à cause de la continuité ou durée de perception, leur configuration devient plus importante que dans ce que j'avais produit avant. En même temps, chaque forme est de plus en plus libre, celle du haut est presque indépendante. Je cherchais encore comment rendre les formes encore plus indépendantes les unes des autres pour qu'elles utilisent tout le blanc du papier, exactement comme sur une toile. Une gravure réalisée pour être tenue dans les mains, et une autre conçue pour être encadrée puis lue sur un mur, doivent se comporter différemment dans l'espace. »

Asagao

Martelage sur cuivre imprimé sur papiers Arches laminés,
46 cm x 31 cm, 40 exemplaires,
mis en vente à 30 $, 1961.
Œuvre primée aux Concours artistiques de la province de Québec.

Le morceau de linoléum collé du mauvais côté, puis arraché, laisse des petites collures sur la plaque. Encrées, elles donnent une très jolie texture.

« Il faut être opportuniste et prendre ce qui s'offre, en tout cas, composer avec les affres. Pour moi, le purisme technique était très secondaire. J'ai compris que tout s'imprimait, qu'il s'agissait seulement de trouver comment le faire. »

À NEI-JI-BA

(prénom féminin chez les Navajos)

Avec *Naka*, qui assure le passage vers *Sgana*, *À Nei-Ji-Ba* est un peu une transition, l'endroit où les deux œuvres se rejoignent. L'irrégularité des formes se confirme. Elles sont colorées séparément et issues de planches multiples. Tout y passe : burin, colle contact, linoléum arraché, transfert de surfaces, etc.

« Je cherche toujours à libérer les formes. »

À Nei-ji-ba
Martelage sur cuivre imprimé sur des papiers laminés,
43 cm x 33 cm, 60 exemplaires,
mis en vente à 60 $, 1962.

SGANA

(origine inconnue de l'artiste)

Formant un angle droit avec le bord supérieur de la feuille, une ligne droite noire trouble l'arrangement organique des formes. En obligeant le spectateur à faire une lecture de la forme pour ce qu'elle est, c'est-à-dire une ligne droite, Gaucher marque une étape importante dans son discours. Il n'y a plus d'illusion possible : cela est une ligne droite et rien d'autre. En ce sens, c'est le tableau précurseur aux *Webern* : la ligne, les formes libres, le fond devenu espace comme sur une toile; pour la première fois, tous les éléments sont réunis. Il ne reste plus qu'à épurer.

« Je libère enfin mes formes, et j'utilise maintenant des matériaux différents. Deux formes indépendantes découpées dans le métal, de la pâte à modeler appliquée au peigne. Tout ça est retenu ensemble dans un morceau de linoléum plus grand que la feuille de papier à imprimer, donc plus de cuvette. En encrant le linoléum en creux, j'aboutissais aux reliefs, positif et négatif. Mais, *Sgana*, c'est surtout la première apparition de la ligne droite dans une œuvre. Lourde de conséquences ! »

Sgana
Martelage sur cuivre et linoléum en relief sur papiers Arches laminés,
31 cm x 46 cm, 40 exemplaires,
mis en vente à 60 $, 1962.
Présentée à Tokyo, en Suisse, à Buffalo...

PAR UN BEAU CLAIR DE FROID

À MAURICE BEAULIEU

Littéralement éparpillées sur la surface, les formes irrégulières et souples n'ont plus de lien physique entre elles, mais bien une fonction rythmique. La couleur intense donne à l'ensemble une impression plutôt naturaliste. Le travail sur les signes, qui va déboucher sur les *Webern*, est entrepris.

« J'ai reçu une bourse du Conseil des arts qui m'a permis de faire transformer ma vieille presse et d'agrandir la surface du lit, pour pouvoir imprimer les plus grands papiers disponibles pour l'époque, soit 30 pouces sur 42. J'ai coupé mes formes sur l'enclume mais cette fois, j'ai ressorti mon acide. Il se passe beaucoup de choses sur les plans du mouvement, de la rythmique et de l'intégration des éléments à la surface. C'était comme un second souffle, en beaucoup plus grand... »

Le tirage a été vendu au complet en galerie en une semaine. De son vivant, Maurice Beaulieu, un algonquin, a publié quelques recueils de poésie que Gaucher appréciait.

Par un beau clair de froid – à Maurice Beaulieu

Martelage sur cuivre, eau-forte en 12 couleurs,
imprimé en 1 passage sur des papiers Arches laminés,
76 cm x 108 cm, 30 exemplaires,
mis en vente à 100 $, 1962.

SA

Sa va plus loin dans la recherche spatiale créée par les divers liens entre les éléments. Plus gestuelle que la gravure précédente, elle s'inscrit quand même dans la continuité des techniques d'encrage et de découpage des formes. Partie de trois plaques, il y en aura quatre à l'arrivée... une s'étant cassée en deux en cours d'impression.

« Les tirages de *Par un beau clair de froid* et de *Sa* se sont littéralement envolés en quelques jours. J'avais déjà une bonne clientèle et de l'argent plein les poches. Je suis parti voyager en Europe. Au retour, je me suis loué un atelier plus grand près d'Atwater. J'ai travaillé comme un fou, un vrai compulsif, plus de douze heures par jour et sept jours sur sept. J'ai fait des centaines d'études sous forme de petits dessins. Les choses se sont mises à évoluer au rythme où je travaillais. En fou ! »

Sa

Martelage sur cuivre, eau-forte en 12 couleurs,
imprimé en 1 passage sur des papiers Arches laminés,
76 cm x 108 cm, 30 exemplaires,
mis en vente à 100 $, 1962.

AJI

La juxtaposition des formes et des lignes doubles dramatise l'opposition dureté – douceur qui se dégage de l'œuvre.

« C'est la deuxième fois que j'utilise la ligne droite. Deux lignes droites, et de haut en bas. C'est là que m'est venu l'idée d'utiliser le papier comme substance et non plus comme surface. Je commence à me rapprocher de la peinture...

« J'avais une entente avec un collectionneur. Depuis trois ans, dès que je terminais une gravure, il m'en achetait le bon à tirer. Quand je lui ai montré *Aji*, il m'a servi un avertissement à cause des lignes droites, et à la suivante, *Sono*, il me dira : "non, merci ! Ça assomme !" Mais j'ai continué à travailler : j'ai édité *Houda*. Les ventes se sont mises à baisser, dangereusement vite. J'ai dû m'arrêter et réfléchir. Si je continuais à faire de la gravure comme avant je me faisais une fortune... mais pour combien de temps ? Puis je ne pourrais plus me regarder dans le miroir le matin, sans être tenté de me trancher la gorge.

« Heureusement, Mira Godard (Montréal), Walter Moos (Toronto) et Martha Jackson (New York) me versaient des mensualités, je pouvais continuer à expérimenter. »

Aji
Martelage sur cuivre, eau-forte sur papiers Arches laminés,
108 cm x 76 cm, 30 exemplaires,
mis en vente à 100 $, 1963.

SONO

La première gravure vraiment formelle que Gaucher produit a demandé cinq sortes de papiers différents. Trois formes un peu floues et décentrées sur la gauche flottent sur deux rectangles. Celui de droite, presque entièrement encadré, supporte à lui seul la légèreté des trois formes blanches.

« Celle-là a connu un meilleur succès... mais les clients ne se les arrachent pas vraiment. »

Sono

Impression en relief et papiers laminés,
61 cm x 91 cm, 30 exemplaires,
mis en vente à 125 $, 1963.

HOUDA

L'usage de différentes couches de papier, juxtaposées ou superposées, met en valeur l'étendue des possibilités lumineuses du papier. Outre les deux figures centrales, la composition est géométrique avec un poids tout au bas de l'œuvre.

« Là aussi, j'ai perdu du monde, mais heureusement, il me restait quelques fidèles collectionneurs. »

Houda

Gravure sur linoléum et papiers laminés,
61 cm x 91 cm, 30 exemplaires,
mis en vente à 125 $, 1963.

C'est l'œuvre qui va le plus loin dans le laminage de papiers. Deux rectangles ouverts sur leurs marges appuient sur une bande horizontale où flottent librement des formes organiques.

1/1
Relief de linoléum imprimé sans encre sur 5 papiers laminés,
61 cm x 91 cm, 1 seul exemplaire,
jamais mis en vente, 1963.

EN HOMMAGE À WEBERN I, II, III, IV

À partir de cette œuvre, Gaucher va restreindre son vocabulaire à de rares éléments formels de dimension réduite : lignes, carrés et traits dont la répartition, même si elle semble vague, a été méticuleusement arrangée. D'importance rigoureusement égale, chaque signe est réduit à sa valeur de point d'énergie dispersé sur la surface du papier. De I à III, l'arrangement des signes glisse subtilement de la symétrie à l'asymétrie.

Il y a eu un n° IV, mais comme il n'ajoutait rien de significatif à la suite, seuls les trois premiers seront imprimés.

Avec sa suite *En hommage à Webern*, Gaucher fait apparaître la notion de durée de l'expérience esthétique. En effet, le spectateur ne peut pas embrasser tous les signes du premier coup d'œil. Pour que s'effectue la *communion* avec l'œuvre, la durée du contact doit être allongée.

« Jusque-là, j'avais fait du bon travail, différent de tout ce qui se faisait en gravure à l'époque, mais les *Webern*, c'était le grand départ. Ma première œuvre de maturité. J'avais finalement trouvé ce que je cherchais : dans la suite des trois, un passage de la symétrie à l'asymétrie où j'ai réussi à synthétiser tous les éléments; à rassembler le rythme, la dynamique, la structure, l'espace, la durée... Et, 35 ans plus tard, ils me sont aussi significatifs qu'à l'époque. Ils ont gardé leur puissance, leur intérêt, leur solidité, leur fraîcheur...

« Là j'ai perdu bien du monde ! »

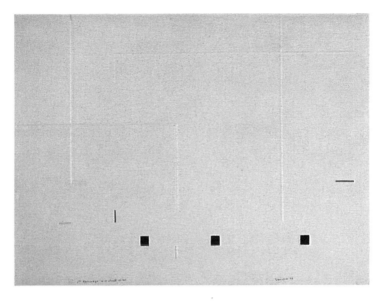

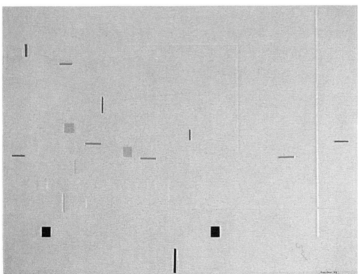

En hommage à Webern I, II
Impression en relief sur papier Moriki laminé sur Arches,
57 cm x 76 cm chacun, 30 exemplaires,
mis en vente à 150 $ chacun, 1963.

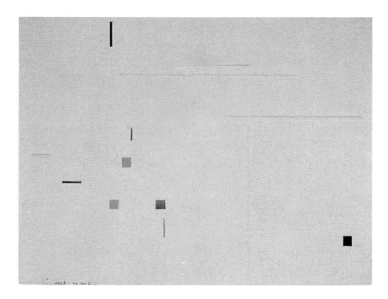

En hommage à Webern III, IV
Impression en relief sur papier Moriki laminé sur Arches,
57 cm x 76 cm chacun, 30 exemplaires,
mis en vente à 150 $ chacun, le *IV*, jamais mis en vente, 1963.

Réaction unanime à Montréal. Cette fois, Gaucher va vraiment trop loin. Les *Webern* sont un douloureux échec commercial. Et son marché montréalais ne s'en remettra pas de sitôt. C'est Michael Kœrner, un collectionneur torontois, qui le premier, achetera une série complète, celui-là même qui, 30 ans plus tard, va payer pour la réalisation de la grande œuvre au Musée des beaux-arts de l'Ontario.

> « Je me doutais bien que ça marcherait pas; le monde achetait Lemieux, Riopelle, Letendre, Ferron, McEwen... Ça fait que mes petits carrés en blanc, en gris et en noir, là... »

Cinq ans s'écouleront avant qu'une série *Webern* soit vendue à Montréal, alors que Gaucher commence à faire ses tableaux gris.

Réaction à New York : Martha Jackson, qui avait engagé l'exposition de Gaucher sur les œuvres précédentes mais n'avait pas encore vu les *Webern*, s'inquiète de voir Gaucher perdre son temps à faire ce genre de choses. Le matin du vernissage, le directeur du MOMA, qui passait à la galerie pour affaires, voit la suite de gravures, la pointe et demande qu'on la livre au musée... Du coup, les inquiétudes de la galeriste se sont envolées en même temps que quelques exemplaires.

FUGUE JAUNE

Moins austère que les *Webern*, la composition de *Fugue jaune* est centrée et colorée. Elle suppose un horizon central autour duquel gravitent des éléments satellites qui annoncent les bandes horizontales.

« Je m'étais engagé dans une voie qui n'était pas facile, mais je l'avais choisie. J'avais accepté de m'y engager... je n'étais pas pour reculer. J'en ai assumé les conséquences, toutes les conséquences. Ça faisait partie de cette notion d'aller au-delà de soi. »

Seulement quelques-unes seront vendues à Montréal. À Toronto et à New York, la réception est meilleure.

Fugue jaune

Impression en relief sur papier Moriki laminé sur Arches,
57 cm x 76 cm, 30 exemplaires,
mis en vente à 150 $, 1963.

PLI SELON PLI

La dispersion uniforme et non aléatoire des éléments est établie sur des systèmes de triangles, une accumulation structurée de triangles. Les éléments de lumière qui ressortent avec le papier Moriki sont impossibles à recréer autrement puisqu'ils absorbent la lumière. Le relief blanc est plus doux et devient un élément pictural, un choix formel au même titre que le jaune de *Fugue jaune*.

Pli selon pli

Impression en relief sur papier Moriki laminé sur Arches,
57 cm x 76 cm, tirage numéroté sur 30 mais non complété,
moins de 10 exemplaires,
mis en vente à 150 $, 1964.

ESPACE ACTIVÉ

Complètement libéré de la technique, *Espace activé* démontre les intentions de l'artiste pour rejoindre la peinture. Une bonne partie du champ ne subit pas d'intervention et supporte la concentration des signes colorés, basés sur des systèmes triangulaires.

« Il fallait que je défende ça à côté des mottons de peinture et de couleur à la mode. Pas évident ! Mais techniquement, j'avais poussé le médium tellement loin pour suivre l'évolution formelle... ça n'avait plus d'allure. Ce n'était même plus de la gravure au sens traditionnel du terme. Pour moi, c'était devenu sans issue. Et puis, j'avais besoin de champs colorés, d'ouvrir de nouvelles possibilités, de développer mon vocabulaire. Sans m'en rendre compte en le faisant, *Espace activé* m'a ramené directement à la peinture. »

Espace activé

Impression en relief sur papier Moriki laminé sur Arches,
57 cm x 76 cm, tirage numéroté sur 30 mais non complété,
probablement 6 exemplaires,
mis en vente à 150 $, 1964.

POINT CONTREPOINT

Les éléments carrés sont disparus au profit des lignes embossées ou colorées. La recherche sur les lignes va se poursuivre longtemps, et présage la série de tableaux *Signal et Silences* qui va débuter en 1966.

« En plein milieu de mes tableaux *Danses carrées*, j'ai eu le goût de faire une gravure; je fais *Point contrepoint*, mon dernier relief avant de vendre ma grande presse. »

Point contrepoint
Impression en relief sur papier Moriki laminé sur BFK Rives,
57 cm x 76 cm, 30 exemplaires,
1965.

XIV – 9 – 66

Encore ici, la sérigraphie présage une série de tableaux faite en 1970. Le champ gris, moins vaste que les tableaux, est coupé par des bandes horizontales de couleurs diverses sur toute la largeur de l'espace imprimé.

XIV – 9 – 66
Sérigraphie imprimée à la Guilde graphique,
31 cm x 31 cm,
1966.

TRANSITIONS

Le coffret *Transitions* est un réexamen de la problématique structurale récurrent dans l'œuvre de Gaucher. De la première à la huitième, les planches progressent au plan de la structure de la symétrie à l'asymétrie complète, en passant par des inversions, des renversements, des effets de miroir, et par l'utilisation exclusive des lignes et des valeurs de gris. Quoique chaque planche ait été conçue comme une œuvre autonome, l'ensemble se lit en séquence sur un lutrin. À cause de la subtilité des valeurs et des couleurs, l'œuvre est littéralement impossible à reproduire.

« Avant de publier l'album, j'ai fait des centaines de dessins. On a mis des heures à régler les encrages puis on a tout imprimé en 10 minutes. Mais *Transitions* m'a permis de faire la série des *Tableaux gris*, à cause de la ligne elle-même, de ce qu'elle véhicule comme complexité sans les artifices de la couleur ou du chromatisme. Les lignes qui semblent placées aléatoirement ont des fonctions très précises, et la couleur y est implicite plutôt qu'explicite. »

Transitions
Album de 8 lithographies imprimées en offset,
tiré à 70 exemplaires,
mis en vente à 800 $, 1967.

JÉRICHO

Bien assises, deux masses sombres séparées par une bande blanche compensent l'impression de glissement vers le bas des deux triangles en blanc.

« C'était une commande du Conseil des arts pour la Banque d'œuvres d'art qui coïncidait avec mon expo au Musée des beaux-arts de l'Ontario, *Gaucher, une perspective de 15 ans*. Résultat d'une recherche systématique sur les diagonales, la litho reprend l'idée des grands tableaux de la série *Jéricho*. La qualité d'impression est extraordinaire, la couleur y est dense et profonde. De la litho de grande classe. »

Jéricho
Lithographie imprimée à l'Open Studio de Toronto,
68 cm x 113 cm, 85 exemplaires,
mis en vente à 350 $, 1978.

PHASE I, PHASE II, PHASE III

Parmi les œuvres de Gaucher les plus minimalistes et audacieuses, mais dont l'effet est maximal, tant la diagonale est forte. *Phases* est une démonstration concrète des énergies et des tensions que dégage une forme précise. Dans ce cas-ci, il s'agit d'une seule diagonale noire et étroite, décentrée vers le haut de la feuille. Au lieu d'un simple fond blanc supportant une intervention quelconque, le caractère minimal du trait impose sur chaque plaque deux formes soigneusement mesurées et limitées par la cuvette de la planche.

« Quand j'ai été en position de le faire, j'ai toujours supporté Graff devant toutes les instances officielles. C'était un pendant important à l'atelier de Lacroix. Un contrepoids essentiel. En 1980, invité à produire une gravure chez Graff dans le cadre de la Semaine de la gravure, j'ai fait les *Inversions 1* et *2*. Un an plus tard, je me suis rappelé que j'avais, dans le coffre arrière de ma voiture, trois belles plaques de cuivre qui servaient de poids. J'avais aussi réservé à quelque chose de spécial douze feuilles fantastiques de papier Arches cartonné achetées à Paris en 1962. J'en ai fait mes *Phases*. Certains ont trouvé ça effrayant de gaspiller (!) trois belles plaques de cuivre pour faire seulement une ligne sur chacune. »

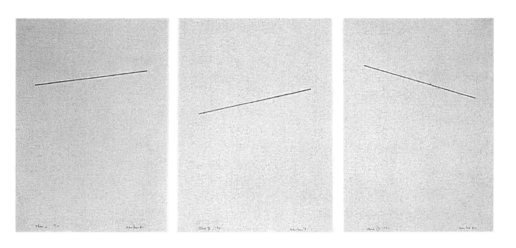

Phase I, phase II, phase III
Pointe sèche sur cuivre imprimée sur Arches à l'atelier Graff,
triptyque, 75 cm x 55 cm chacune, 30 exemplaires,
mis en vente à 600 $, 1981.

SIGNAL

« Pour *Signal*, j'avais travaillé un grand nombre d'acryliques sur papier où les bandes horizontales faisaient d'un demi-pouce à trois ou quatre pouces sur 30, en toutes sortes de combinaisons de couleurs, mais sans réussir à solutionner le problème à ma satisfaction. En ce sens, *Signal* est un compromis puisque je suis revenu aux proportions des tableaux auxquels je travaillais à ce moment, 6 pieds sur 18.

« C'est une sérigraphie que j'aime beaucoup. J'ai mélangé mes couleurs et Claude Fortaiche, l'imprimeur, a produit les films et imprimé selon mes directives. Elle est différente parce que, jusque-là, le processus et le médium de la gravure étaient les outils. »

Signal
Sérigraphie imprimée sur BFK Rives,
61 cm x 91 cm, 75 exemplaires,
mis en vente en pré-publication à 600 $, 1991.

PAUSES

« Deux ans après *Signal*, j'ai fait *Pauses* pour l'exposition *Imprimatur* chez Graff. Elle est reliée à ma peinture de ce moment. »

À Toronto, les deux sérigraphies sont accueillies avec beaucoup d'enthousiasme.

Pauses
Sérigraphie imprimée à l'atelier Graff sur BFK Rives,
61 cm x 91 cm, 75 exemplaires,
mis en vente en pré-publication à 600 $, 1993.

SILENCES

« Je voulais faire quelque chose de nouveau pour l'exposition chez Simon Blais. Depuis que je ne suis plus un graveur assidu, ça me prend comme une raison pour me remettre à la tâche. J'ai décidé de faire une eau-forte, et de reprendre les papiers laminés. Ce que les autres ne peuvent pas faire, moi, ça m'excite. Au départ ça devait être trois cuivres, mais ça ne donnait pas toute la lumière ni le volume que je recherchais. J'en ai éliminé deux. Je me suis servi de mon expérience des médiums pour aller plus loin et introduire le bois.

« Une œuvre de pure jouissance et je me suis fait embarquer dans le jeu. Une vraie série en soi. Presque un an de travail et d'essais. On a tout essayé. On imprime sur deux papiers parce que le Moriki tout seul ne peut pas prendre toute la pression. Je m'attendais à aller chercher la lumière avec de la poudre de bronze et de cuivre, mais ça ne donnait pas la luminescence que je cherchais et je n'arrivais pas à la trouver. »

Les épreuves qui n'ont pas été détruites font une pile de plus d'un pied de haut. Une fortune, seulement en encres et en papiers. L'artiste et l'imprimeure ont fait des expériences avec des poudres de cuivre, de bronze... des étapes techniquement folles, *flyées*. La forme, la couleur, l'esprit, tout est travaillé en même temps.

« Je vais chercher l'esprit du bois avec le Goyu. Celui-là, on l'a recommencé juste une fois, la première couleur n'était pas la bonne. On m'avait dit que Danielle Blouin était la meilleure imprimante (*sic*) en ville; c'est vrai, mais elle a eu affaire à le prouver ! Quand elle était découragée, je lui disais que tout est possible et qu'il faut savoir aller trop loin pour pouvoir revenir à la juste mesure, autrement, on ne sait jamais où cette juste mesure se trouve. »

Silences
Eau-forte en 10 cuivres sur papier Moriki et bois de fil sur papier Goyu, laminés sur papier Kai avec un intercalaire de papier Usunezumi; l'ensemble est laminé sur papier BFK Rives, et très patiemment imprimé par Danielle Blouin, 63 cm x 90 cm, 75 exemplaires, mis en vente en pré-publication à 850 $, 1996.

Pour réaliser *Silences*, Gaucher a refait une démarche longue de 40 ans, mais appliquée à cette seule recherche. Il a tout refait, vraiment.

Le collectionneur à qui l'on avait proposé en primeur la toute nouvelle gravure de Gaucher justifia son refus de l'acheter en qualifiant l'estampe de baroque. Réaction de Gaucher :
« Baroque, baroque. C'est quoi baroque ? C'est grand le Baroque. Faudrait préciser : Monteverdi... Roland de Lassus... Perotin, non, c'est trop tôt... ou Gesualdo. Oui, c'est ça : je dois être Gesualdo ! »

TRINÔME 2

Trois grands blocs foncés occupent la quasi totalité de l'espace. Celui du centre, plus large et décalé vers le haut, donne toute la légèreté à l'ensemble. *Trinôme 2* est l'aboutissement de toute la recherche sur la lumière que permet l'impression sur bois de fil entreprise depuis *Silences*.

« Le trois est mon chiffre chanceux ! »

Trinôme 2
Impression sur bois de fil laminé sur papier Goyu,
30 cm x 63 cm, 99 exemplaires,
mis en vente à 300 $, 1996.

VARIATIONS GAUCHÈRES

DUO

Yves Gaucher connaît et aime la musique, toutes les musiques. Dans les diverses interprétations d'une même pièce, il dit découvrir de nouvelles façons de voir et de penser. Il en écoute constamment et à l'intérieur de son œuvre, les références à la musique sont fréquentes. Les titres des œuvres sont particulièrement éloquents : *En hommage à Webern, Pli selon pli* (œuvre de Boulez), *Raga* (musique indienne), *Fugue jaune, Point contrepoint* (Stockhausen), et un peu plus tard *Silences, Pauses...*

Aussi, je me suis amusé à développer une savante thèse qui met en parallèle la mémoire auditive et la mémoire visuelle. Pris un à un, les sons ne forment pas de mélodie, c'est leur enchaînement dans le temps qui la crée; de la même manière, les couleurs sont perceptibles uniquement quand elles sont mises en relation les unes avec les autres. J'avançais brillamment à Gaucher que, dans ses tableaux, les grandes masses de couleur créent des harmoniques, c'est-à-dire qu'à partir de la fréquence de base fondamentale, une couleur donnée suggère ses multiples naturels et engendre une sorte de mélodie visuelle...

« Ridicule ! On peut faire dire ce qu'on veut aux théories. La musique de Webern, c'est justement l'inverse. Chaque note est exploitée pour ce qu'elle est, et non pas pour sa fonction mélodique ou harmonique. »

Et vlan ! pour ma théorie...

« Bien sûr, je me suis attaché longuement à la perception du rythme visuel. Le rythme, c'est simplement une récurrence d'éléments dans le temps. L'homme a inventé le rythme avant la mélodie. Et c'est puissant : les percussionnistes africains arrivent à faire descendre le rythme cardiaque des danseurs. Le rythme visuel est un peu plus paresseux, mais on peut très bien arriver à mettre les gens dans une espèce d'état... Néanmoins, un tableau ne sera jamais une image rythmique, mais bien la somme des fonctions rythmiques de ses éléments constituants. Un tableau réussi propose des tensions résolues sans nécessairement donner la séquence de résolution. Et, contrairement à la musique, c'est le spectateur qui arrange sa récurrence des éléments et qui crée leurs interrelations dynamiques. Une entité dont il ressent les énergies. »

Un bien beau discours qui n'est pas dénué d'intérêt, je l'admets, mais un peu trop préparé à mon goût. Tant qu'à ça, je préfère encore ma thèse du début; et croyez-moi, je n'aurais pas été le premier à écrire n'importe quoi sur l'œuvre de Gaucher. Toutefois, au fil des entrevues, la vision de Gaucher par rapport à la musique est devenue plus concrète...

« Tu reconnais l'intelligence d'un artiste par les influences qu'il subit, digère et laisse tomber au bon moment. La relation n'est pas directe. Les voyages, l'orientalisme, le travail, tout ça m'a marqué et la somme de ces influences se manifeste dans mon œuvre. Mais c'est par la musique que j'ai vraiment compris ce qu'était une expérience esthétique profonde. J'ai entendu des concerts qui m'ont marqué, qui m'ont ouvert les oreilles et les yeux.

Une expérience sensorielle très forte. Puis, dans mon travail, j'ai cherché à recréer cette expérience qui m'avait fait oublier le temps, l'espace, la physicalité. Habituellement, quand l'intensité de l'expérience est suffisamment forte, le résultat est conséquent. En tout cas, j'ai la prétention de croire que mes œuvres ont touché beaucoup de monde... parce que la réponse, les témoignages directs m'ont parfois renversé. »

Puis, de là, des considérations plus personnelles ont suivi, décousues, mélangées, spontanées : le travail comme tel, le geste de peindre, l'importance du dessin dans l'œuvre, la recherche, les moments creux, les forts... Décidément, ça devenait intéressant.

SOLO

« Une page blanche est l'équilibre parfait. La première ligne vient briser cet équilibre que tu vas chercher à retrouver en ajoutant bien d'autres lignes. Quand je pars dans un tableau, j'ai toujours un tas de problèmes. Parce qu'il n'y a pas de recette, le plus important est de trouver comment il se fera. Alors, je commence. J'ai une idée assez floue de ce que je veux faire. Je mets quelques éléments sur papier. Je regarde, j'élimine et je recommence. Les quelques éléments qui restent m'indiquent une direction. Je la suis. J'enlève, je remets, et je range ce qui est bon, mais que je ne peux pas utiliser. L'idée du tableau prend forme au travers de son processus, exactement comme un texte d'auteur. Souvent, j'utilise des signes que j'avais mis de côté quand je ne pouvais pas les mener aussi loin que j'aurais voulu. Je suis toujours à ramener des éléments précédents pour tenter de les propulser vers l'avant.

« Par exemple, j'avais fait des bandes horizontales d'un pouce sur 40 et qui ne marchaient pas. Trop ceci, pas assez cela. Ça m'obsédait. J'ai travaillé longtemps avant d'élargir mes bandes pour mieux les situer. Résultat : un tas de recherches que je suis encore en train d'assimiler quelques années plus tard, jusqu'à *Silences*, mes tableaux courants, et même *Profils*.

« Il n'y a pas de recette mais une certaine forme d'intelligence dans le processus. J'aime bien contrôler ce processus, mais je n'aime pas m'imposer à lui. Je ne domestique pas la couleur, je la libère. Chaque fois que je me suis fourvoyé dans un tableau, je m'étais imposé à lui, j'avais essayé de lui faire dire ce qu'il ne pouvait pas dire. Un tableau n'est pas un point de départ, c'est un point d'arrivée. Je ne suis pas parti avec deux bleus et un gris, j'y suis arrivé. C'est différent. Tant que le tableau ne fonctionne pas, j'essaie de trouver quels éléments en sont la cause et de rétablir le discours. Les moments où je travaillais sur la couleur, les structures des tableaux se sont développées parce que je les laissais tranquilles. C'est toujours un contexte, jamais un élément isolé.

« À un moment donné, le tableau se révèle à moi et c'est à moi maintenant de respecter ce dont il a besoin pour aller au maximum de ce qu'il a à dire. Je n'emploie pas un jaune parce que j'aime le jaune, je mets un jaune tout à fait particulier à cette circonstance précise parce que le tableau l'exige. La couleur a une fonction à remplir dans un contexte bien précis et au même titre que les autres éléments. Si un tableau est fait de trois bleus différents, c'est parce qu'un seul bleu n'aurait pas fait l'affaire. Et ce n'est pas moi qui décide, c'est le tableau.

« Trouver son vocabulaire c'est un peu comme assembler un casse-tête, avec la seule différence que tu n'as pas la photo du casse-tête fini devant toi avant de commencer. Tu crées ton image dans l'ordre. Il n'y a qu'un seul morceau ou une séquence qui peut coller à un autre morceau qui n'est pas nécessairement celui que tu as entre les mains. Tu essaies tant que t'as pas trouvé, encore et encore. »

FUGUE ET CONTREPOINT

Appliquée à la gravure, cette façon de faire prend un temps fou et représente des piles d'essais imprimés et des dizaines d'états. Au fur et à mesure que le travail progresse, la conception de l'œuvre change. Chaque étape ayant été imprimée, Gaucher peut à tout moment retourner en arrière pour consulter tel élément ou tel aspect de l'œuvre en cours, pourquoi cet élément est apparu et ce qu'il est devenu; pour ensuite reprendre le travail à partir de ce point précis s'il constate que l'œuvre est bloquée à cause de cet élément bien particulier. De quoi décourager la plus enthousiaste des imprimeures, parce que le processus, long en soi, est en plus créateur. Monastique !

Il n'est pas faux de prétendre qu'une gravure de Gaucher est souvent une synthèse de l'œuvre. Dans une recherche donnée, il lui arrive de reprendre le parcours complet d'un aspect précis de son œuvre. Pour arriver à *Silences*, par exemple, il a repris la technique de l'eau-forte abandonnée en 1963 et y a intégré l'horizontalité, démarche apparue d'abord dans *1/1*. Les masses de couleur solide coupées d'une diagonale sont issues de la suite *Jéricho* et des travaux sur papier de 1985. Au point où, à feuilleter les nombreux essais, on a l'impression qu'ils se déroulent sur 40 ans au lieu des huit ou dix mois en question.

« J'analyse beaucoup ce que j'ai fait. Parfois, je prends deux ou trois ans de production pour les mettre côte à côte et tenter de voir ce qui s'est passé. Je regroupe les choses et je regarde ce que j'ai essayé de dire. Mon évolution est linéaire mais pas planifiée. On la constate après coup. Je suis constamment à refaire une synthèse, à actualiser ce que j'ai déjà trouvé. »

Cela rejoint la définition de l'art constructiviste auquel Gaucher n'adhère pas plus qu'à l'art des plasticiens qu'il juge figés dans leurs théories. Certes, la peinture est formelle ou construite et, bien sûr, les éléments plastiques proviennent tous de la même souche mais ils sont utilisés et compris différemment par chaque artiste.

« Un tableau flamand avec trois pommes, un Cézanne avec trois pommes ou un Renoir avec trois pommes, c'est toujours un tableau avec trois pommes. Mais ils sont bien différents. »

Plutôt que d'échafauder des théories et de tenter par la suite de les justifier par des œuvres, Gaucher préfère décrire son œuvre comme un moyen, un processus non descriptif qui aboutit chaque fois à l'expérience renouvelée du tableau.

Mais en pratique, à quoi ça ressemble une expérience du tableau ?

« C'est une question de perception environnementale. C'est pour ça que mes tableaux ont besoin d'espace mural, parce que la perception qu'on en a est plus grande que leur dimension physique. Il faut les laisser rayonner sur le mur, prendre de l'expansion et s'épanouir dans un environnement... Une œuvre d'art, c'est un peu comme une personne.

On ne connaît pas un individu après quelques minutes. La familiarité prend du temps. Pour bien le connaître, il faut le fréquenter sur une base régulière, dialoguer, se voir dans diverses circonstances. On peut passer devant une œuvre sans qu'elle nous arrête. Ce n'est pas grave. On peut aussi passer à côté d'un être humain, le manquer, et se priver d'une longue amitié possible. L'idéal est de vivre avec une œuvre d'art. À la côtoyer tous les jours, elle affirme sa présence. Et s'il arrive qu'elle ne nous dise plus rien, il est temps d'en faire profiter quelqu'un d'autre. »

Puis, sans transition, il a abordé la notion du langage dans l'œuvre d'art. On n'en est plus à un coq-à-l'âne près... En fait, je me demande encore comment deux adultes relativement organisés et intelligents ont pu à ce point sautiller d'un sujet à un autre, et avec aussi peu de suite dans les idées. Les voies du Seigneur...

« On a beau être sûr de soi, c'est quand même pas la main de Dieu qui fait les tableaux. En théorie, l'intelligence du langage pictural est importante, en pratique, c'est comment tu t'en sers pour dire ce que tu veux dire qui compte. Ce n'est pas une fin, c'est un moyen. Pour moi, il m'est inutile de mettre des mots sur ma peinture. Quand j'en parle et que j'essaie de définir ce qui se passe, j'aperçois tous les aspects que j'omets. Définir l'œuvre, c'est la limiter. Et puis j'ai l'impression de la trahir. J'ai une espèce de retenue face à mon œuvre. »

Et moi, j'ai 60 pages d'entrevues retranscrites pour prouver l'étendue de cette... retenue !

« Aujourd'hui, je n'irais pas montrer mes recherches. Énoncer un problème non résolu me ferait perdre le goût de le résoudre. Maintenant, quand je montre une œuvre, je suis en mesure de la défendre. Si je sais qu'il y a une faiblesse, ou que l'œuvre n'est pas au niveau où elle devrait se situer et qu'on l'attaque, je ne pourrai pas la défendre avec conviction. »

Il fallait le voir arriver toutes les deux semaines, affichant son plus beau sourire canaille, un carton d'une main et une bonne bouteille de l'autre, venir nous montrer le plus récent état de *Silences* (le huitième en ligne et sûrement pas le dernier). Qu'on dégage une table et règle l'éclairage, qu'on cherche un tire-bouchon et des verres. L'artiste va s'installer et, à la manière d'un prestidigitateur, faire apparaître l'œuvre, cherchant du regard le moindre doute chez les spectateurs. L'œuvre n'est pas attaquée. Qu'à cela ne tienne, Gaucher la défend, la décrit, en démontre l'intérêt formel et les trouvailles techniques...

Et si on l'avait attaqué ta gravure, hein ?

« Tu sais, les claques sont souvent raides... mais elles ont le mérite de forcer l'artiste à rester sur terre. Comme artiste, tu ne peux rien exiger d'autre de la société que la liberté de faire ce que tu veux. Mais, en aucun temps, la société n'est obligée d'endosser ce que tu fais. La liberté s'exerce dans les deux sens. C'est ça l'art : une proposition à prendre ou à laisser, de chaque côté de la clôture. »

! ! !

« J'essaie de ne pas laisser sortir les œuvres faibles de l'atelier. Bien sûr, j'ai eu des moments plus hésitants dans ma production, des changements de vision, des retours en arrière... Parfois, j'ai laissé sortir un tableau trop vite. Par contre, toutes les gravures dont j'ai fait un tirage, je les assume.

Un coup terminée, une gravure est énormément mûrie, parce qu'on passe beaucoup plus de temps à la réaliser qu'à faire un tableau. Ça fait partie de mes responsabilités d'artiste... dans le cas d'un tirage, 75 œuvres faibles en circulation, ça ferait assez mal merci. »

Les œuvres gravées sont tellement travaillées, poussées au bout, qu'elles ont souvent généré une série de tableaux. Chaque œuvre est le témoin d'un moment précis de l'évolution de l'artiste. Même sans connaître les tableaux de Gaucher, il est possible d'avoir une bonne idée de l'œuvre avec les seules gravures.

FINALE

« L'œuvre au complet est fait de plusieurs moments. Bien plus que les théories, son étude permet de suivre et de comprendre l'évolution d'un artiste. Et de toute façon, les théories sur l'art sont ennuyeuses. Ce qui m'intéresse le plus en art, c'est de suivre le processus évolutif d'un artiste, au début, quand c'est habituellement faible, et plus tard, dans les périodes fortes, préparatoires ou transitoires. Vu sur une période de 6 mois ou un an, il ne se passe rien dans un œuvre, mais, sur 10 ans, il y a un fil conducteur. La continuité : d'où l'œuvre est parti, comment il s'est développé et à quel moment il est devenu mature.

Pour moi, un tableau est toujours la conséquence du précédent et génère le suivant. C'est ça la fumisterie ! Chacune des œuvres n'est rien d'autre qu'un moment spécifique du processus évolutif d'un artiste. L'aboutissement d'une série de recherches. À un moment donné. Au-delà de l'artiste. »

COLLAGE

REVUE DE PRESSE

Il y a une somme incroyable d'écrits sur l'œuvre de Gaucher; articles, livres, catalogues... La bibliographie complète tient sur plusieurs pages. Une bonne partie de ces écrits est incroyablement hermétique, inintelligible, ou simplement ennuyante. Toutefois, des pages heureuses ont été publiées et j'y ai puisé les plus belles lignes. Par respect pour le lecteur qui ne maîtriserait pas la langue anglaise, je me suis permis quelques traductions... très libres.

> « *Il a été le premier à créer à Montréal un relief gravé; il a été le premier à introduire les équilibres de cellules réalisées par des techniques mixtes; il a été le premier à faire voisiner les taches lyriques et les lignes géométriques. Beaucoup de choses en si peu de temps. [...]*
>
> « *De cette période, qui semble déjà être du passé pour Gaucher et qui pourtant nous touche profondément, il faudrait retenir l'esprit épuré, la simplicité, le mysticisme même. Lorsqu'on sait combien les techniques mixtes en noir ou en couleurs peuvent apporter de possibilités à l'art du graveur, lorsqu'on voit la complexité et le lyrisme exacerbé que ces procédés permettent, on ne peut s'empêcher d'admirer la retenue de Gaucher, qui en use savamment, suggère plutôt qu'il ne montre, esquisse au lieu d'affirmer, polit et nettoie au lieu de "laisser" ou de "salir ".* »

Jacques Folch, « Yves Gaucher »
Vie des Arts, N° 41, hiver 1965-1966.

« *Les tableaux gris de Gaucher sont les plus puissants d'un excellent survol, dynamique et splendidement sélectionné, de la peinture actuelle au Canada, présenté à Édimbourg sous le titre Canada 101. L'exposition est bien accrochée et si, dans son ensemble, elle vaut le déplacement – c'est en quelque sorte un événement historique –, les Gaucher, à eux seuls, rendent le voyage incontournable. Cet artiste éblouissant, dont les œuvres semblent issues d'une télécommande ou d'une baguette magique, produisait récemment une superbe série de gravures intitulée "En hommage à Webern".* »

Bryan Robertson, traduction libre de Gaston Roberge, « Éminence Grise at Edinburgh »
Spectator, N°7313, 23 août 1968.

« *Yves Gaucher est sans doute un des artistes qui, à l'intérieur d'une peinture que l'on définirait "minimaliste" (à savoir, dont la structure et les éléments sont extrêmement simples), a atteint un point ultime dans ses recherches. [...]*

« *Pour nous, Gaucher était surtout l'auteur de ces gravures aux riches textures qu'il fabriquait à la fin des années 1950. Et il étonnait alors par la beauté des textures et la maîtrise technique qu'il manifestait. Mais ce que lui a osé faire en rompant complètement tout lien plastique avec les productions de cette époque, certains se sont refusés à le faire ou même à accepter ce geste. [...] Sa gravure, comme la musique sérielle, était le fait de quelques signes sur un champ défini par la feuille de papier. Et l'intensité était donnée par le relief (positif ou négatif) ou par la couleur et la forme du trait. [...]*

« *L'effet créé se mesure, non pas dans une transformation des couleurs, mais dans la relation que le spectateur (pour ne pas dire le créateur) établit avec la gravure. [...] Dans cet ordre d'idées, et cela paraîtra étrange, il définit ses dernières peintures comme "lyriques".* »

Normand Thériault, « Gaucher : prélude à une exposition »
La Presse, 4 février 1969.

« Un jour, en Afrique, j'étais assis près d'une route poussiéreuse quand, au travers du silence et de la chaleur, je perçus un bruit léger et récurrent de corde pincée. Au tournant de la route, à cinquante verges de moi, avançait un africain. Comme il approchait, je vis qu'il tenait entre la bouche et la main, un arc tendu par une corde. De sa main libre, à l'aide d'une brindille, il frottait et tapotait la corde produisant une petite mélodie, délicate et privée, à peine plus forte que le son d'un moustique. Il passa sans même remarquer ma présence et le son s'évanouit dans l'air. Je me suis rappelé ce moment quand, entré dans la Whitechapel Gallery [Londres], je fus confronté aux toiles d'un jeune artiste canadien, Yves Gaucher, et lus dans le catalogue d'exposition qu'il disait avoir été influencé par la musique minimale de compositeurs contemporains, celle de Webern entre autres. Ses peintures créent une sorte de silence visuel, contre lequel il forme des structures aussi simples, tendues et fragiles qu'une toile d'araignée. [...] Prises séparément, les œuvres peuvent sembler limitées mais ensemble, elles offrent une expérience lumineuse et raffinée qui vaut le détour. »

Nigel Gosling, traduction libre de Gaston Roberge, « A Kind of Silence »
The Observer, 26 octobre 1969.

« Laisser après le nom : Yves Gaucher, quelques pages blanches à la libre disposition de la méditation et de la rêverie du lecteur est tentant. Mais si Gaucher est toujours à la limite du presque rien, du presque sans couleur, du presque sans forme, il y a néanmoins quelque chose, quelques couleurs, quelques formes sur ses toiles. [...] Yves Gaucher est un peintre de la retenue, un peintre tranquille. Ses toiles sont des grandes plages de méditation. Si l'on n'aime pas, on trouve que cela est vide. Si l'on aime, on est envahi, envoûté. »

Michel Ragon, « Yves Gaucher, rêverie de l'absolu »
Vie des Arts, N° 70, printemps 1973.

« ... Un art on ne peut plus personnel et éblouissant;
comme si le peintre en refusant de se voir cloisonner
trop tôt, à peine passé le cap de la quarantaine, dans des
énoncés fermes et immuables voulut insister sur les
potentiels innombrables d'un œuvre en pleine ébulli-
tion malgré, déjà, son haut degré d'achèvement. [...]

« En fait, tout s'est accompli par la gravure chez lui. Il
a inventé le langage du relief. »

Gilles Toupin, « Yves Gaucher : un plongeon dans la
couleur »
La Presse, 23 octobre 1976.

« Néanmoins, ce n'est pas plus facile aujourd'hui
qu'avant de décrire l'essence d'un style dont la principale qualité réside dans l'ineffable, puisqu'il ne peut
être isolé du tableau comme tel, non plus que d'être
interprété à travers quelque grille de référence. On peut
seulement suggérer qu'il se tient quelque part dans
l'interrelation de ces deux conditions. [...] Mais, définir le style de Gaucher par la seule description des
éléments formels équivaudrait à vouloir créer la vie en
nommant les parties d'un organisme vivant. Inutile
également serait toute tentative de retracer les
sensations personnelles excitées par l'œuvre, cela lui
imposerait des limites injustifiables. [...]

« L'art de Gaucher, c'est l'aventure d'un homme
moderne à la recherche de son âme. Cela dit, on en vient
à réaliser qu'il n'y a rien de distant ni de silencieux
dans la rigoureuse sobriété de cette recherche, mais
plutôt un rayonnement intérieur, une générosité
sensuelle. »

Michael Greenwood, traduction libre de Gaston Roberge,
« Yves Gaucher at Mira Godard Gallery »
Arts Canada, N° 214-215, mai-juin 1977.

« L'aventure de Gaucher comporte ses leçons. Elle
rappelle l'importance du travail individuel, de la liberté,

pour la création. En ce sens, elle apporte un nécessaire complément au message de Dumouchel, qui croyait davantage à l'atmosphère du groupe, à l'ambiance collective. »

François-Marc Gagnon, « Panorama de la gravure québécoise 1958-1965 »
Vie des Arts, N° 90, printemps 1978.

« *Cela fait longtemps que l'on considère Yves Gaucher comme un des artistes les plus importants du Canada. Depuis quinze ans, il poursuit un style abstrait d'une pureté formelle peu commune, tout en faisant une autocritique impitoyable. Il s'occupe des questions profondes de l'existence humaine, ses tensions et ses harmonies, n'acceptant nulle part de résolution que sur le plan tangible et visible du monde réel. On ne peut pas mettre en question le sérieux et la probité de sa production artistique. Toutefois la nature exceptionnelle de cet œuvre est très peu comprise, peut-être parce qu'on a eu si peu d'occasions de la connaître. [...]*

« *Il est toutefois important de répéter que l'art de Gaucher ne s'est pas développé ni à Toronto ni à New York, mais dans un milieu culturel qui d'une certaine façon envisageait des choix différents de ceux faits par les artistes au Canada anglophone ou aux États-Unis. Ceci est vrai non seulement en ce qui concerne le raffinement par l'artiste de son vocabulaire visuel mais, d'une manière plus significative, les principes spirituels et philosophiques fondamentaux qui dirigent la voix avec laquelle les œuvres parlent. [...]*

« *Une œuvre d'art ne vient pas de nulle part; son point de départ réside dans un certain maniement des choses matérielles pour parvenir à un effet spécifique. [...] Si le sens de l'œuvre défie toute explication sauf dans l'expérience directe, c'est ainsi que cela doit être. [...] Notre façon de percevoir le sens de la gravure ne dépend* pas uniquement de ce qui est dépeint mais aussi du dialogue qui s'engage entre nous et l'œuvre. [...] C'est parce que les gravures font du spectateur un partenaire responsable, celui qui donnera la vie à l'œuvre d'art, qu'elles permettent à Gaucher à partir de ce moment-là de mettre l'accent sur la durée de l'expérience esthétique. [...] L'expérience transcendante chez Gaucher s'appuie sur des données définissables et non pas sur l'illusion et le mystère, parce que l'information n'est pas fournie. L'extase et le mystère émanent d'une situation créée à l'aide de moyens matériels et ne sont nullement le produit d'un inconnu prédéterminé.

« Les analogies entre l'art et la musique ont souvent fait partie de l'élaboration des théories de synthésie ou ont été faites afin d'établir le caractère indépendant et abstrait du vocabulaire formel des arts visuels. En ce qui concerne l'œuvre de Gaucher la comparaison semble particulièrement heureuse car la pureté visuelle de son œuvre met à l'épreuve la description verbale, et trouve invariablement son meilleur pendant dans la musique. [...] Mais les nombreux hommages faits par Gaucher ont encouragé trop de suppositions gratuites. Au mieux, les comparaisons entre l'art et la musique servent d'images. Elles peuvent ouvrir une porte sur un œuvre dont l'abord est difficile. Au pire elles risquent de fausser l'attention que l'on devrait porter au caractère visuel unique d'une œuvre d'art. [...] L'analogie avec la musique peut être trompeuse parce que les paramètres de notre attention en ce qui concerne le tableau ne sont pas déterminés par le temps mais plutôt par les propriétés matérielles du tableau. Ce sont celles-ci qui créent l'expérience et la limitent. [...]

« Il faut se rappeler que ni les gravures ni les tableaux ne fournissent un compte rendu explicatif dans le sens littéraire du mot, mais qu'ils offrent plutôt une certaine expérience qui est elle-même imprégnée d'une significa-

tion fondamentale. Une des caractéristiques de l'expérience d'un spectateur devant une œuvre de Gaucher est que l'œuvre ne se présente pas instantanément, parce qu'elle n'est pas là en entier de façon instantanée. Traditionnellement, il faut souvent du temps pour voir un tableau parce que nous nous attardons pour savourer les détails picturaux. Ces détails, cependant, restent subordonnés à notre conscience d'une unité esthétique dominante qui se présente toujours d'une façon instantanée. [...] Le produit d'une analyse intellectuelle et non pas le tableau dont nous faisons l'expérience de façon visuelle. [...] Ceci semble surtout important dans la mesure où Gaucher exige du spectateur que l'expérience esthétique soit non pas un état passif mais une participation vitale. [...]

« Une œuvre d'art réussie est celle qui est parvenue à un équilibre formel et à la résolution d'une tension. En prolongeant la durée de l'expérience et en permettant à l'œuvre de se révéler par intervalles, Gaucher s'est concentré non pas sur l'équilibre lui-même mais sur le moyen d'y parvenir. [...] Quand l'équilibre est atteint, ou pendant la recherche de nouveaux termes pour l'aborder, l'artiste réfléchit en se basant sur les moyens très qualitatifs propres à son travail, et les termes restent si près de l'objet qu'il produit qu'ils s'y confondent. [...]

« Il se peut que l'artiste ne sache pas où il aboutira au moment où il se met à peindre, mais s'il réussit, il parvient à une réalisation tangible, à un nouveau système d'équivalences, à une nouvelle vérité. [...] Chez Gaucher, la notion d'improvisation ne signifie pas, bien entendu, qu'il travaille de façon improvisée, mais qu'il procède à partir de la connaissance accumulée et d'un aperçu de la pratique picturale qu'il combine afin d'affronter une nouvelle problématique. [...] Si les couleurs sont utilisées pour leurs qualités d'impact émotif,

ce n'est pas par le biais d'une association directe entre couleurs et émotions mais par celui d'une exploration purement abstraite de leurs relations réciproques. »

Roald Nasgaard, catalogue de l'exposition, *Yves Gaucher : Une perspective de quinze ans 1963-1978*
Musée des beaux-arts de l'Ontario, 1979.

« *Il m'apparaît que sa production récente est aussi radicale que forte. Elle devient un autre point de repère dans son évolution continuelle à l'intérieur de la tradition moderniste. Et on peut présumer qu'il est l'un des rares peintres dont les travaux laissent présager le rôle de la peinture abstraite dans le postmodernisme, la place de choix qu'elle occupera dans ce qu'on pourrait appeler le formalisme postmoderne. Au cours du dernier quart de siècle, la remarquable cohérence, l'intégrité dans l'œuvre de Gaucher ne s'est jamais effritée. [...] Indubitablement, il va continuer à nous séduire encore longtemps.* »

James D. Campbell, traduction libre de Gaston Roberge, *The Asymmetric Vision : Philosophical Intuition and Original Experience in the Art of Yves Gaucher*
Mackenzie Art Gallery, Regina, 1989.

« *Quant aux estampes, elles [...] ont souvent exercé une influence marquée sur les peintures de l'artiste. Il s'agit là d'une arène sans pareille pour les tendances plus radicalement expérimentales de Gaucher. Ses activités de graveur, après tout, remontent aux années 1950 et ce sont les estampes qui lui ont d'abord valu sa renommée sur le plan international.* »

James D. Campbell, catalogue de l'exposition *Aspects of Yves Gaucher's Art : 1978-1992*
Power Plant – Contemporary Art Gallery, Toronto, 1992.

« *Sa philosophie n'est jamais reliée comme telle à l'aspect physique de la peinture, mais plutôt à une sorte de phénoménologie qui la fait se détacher de* son caractère matériel immédiat, la libère de la gravité pour atteindre le royaume de l'irréel... »

Roald Nasgaard, traduction libre de Gaston Roberge, catalogue de l'exposition *Yves Gaucher, Essay*
Olga Korper Gallery, Toronto, 1992.

« Il y a dans les peintures d'Yves Gaucher une présence et une immédiateté tout aussi perceptibles que visibles. Si elles rappellent l'architectural par leur statut et leur équilibre, leur énergie primale se situe à l'intérieur de la sphère visuelle d'abord, dans les surfaces de couleur résonnantes et la simplicité austère d'un plan abstrait.

« Au-delà de l'auto-référencialité d'un vocabulaire géométrique, l'œuvre de Gaucher crée un lieu pour l'imagination et pour la complicité du spectateur et, par le fait même, situe sa pratique abstraite dans le discours de l'art contemporain.

« Par l'engagement sensoriel du spectateur envers les œuvres, l'acte de perception se fait à un niveau qui transcende largement les frontières du regard. [...] En définitive, c'est la capacité de l'œuvre d'engendrer une entente authentiquement engagée avec le spectateur qui assure sa pertinence indéfectible et qui lui confère un caractère transcendant, intemporel. »

Karen Antaki, traduction de Hélène Joly, catalogue de l'exposition *Yves Gaucher : Œuvres récentes*
Galerie d'art Leonard & Bina Ellen, Université Concordia, Montréal, 1995.

« Par son ouverture d'esprit et sa recherche plastique inédite, Yves Gaucher contribue de façon remarquable à l'affirmation des artistes graveurs au Québec et à l'étranger. Épisode combien marquant de l'art contemporain québécois, son parcours dans l'univers de la gravure illustre fort bien les conditions qui valorisent le rayonnement d'une production d'avant-garde au sein du nouveau contexte des années soixante. [...]

« *Avec la combinaison de procédés nouveaux et peu orthodoxes – le martelage des plaques de cuivre, leur découpage et l'utilisation de la pâte acrylique –, l'artiste accède aux formes tridimensionnelles qui gonflent et creusent le papier. [...] Dans la suite Webern, les notions de rythmes, de temps et d'espace sont abordées grâce à quelques motifs simples, imprimés en creux et en relief dans le vaste champ extensible que constitue le support papier. [...] Plus tard, sa recherche minimaliste n'épuisera toujours pas ses ressources créatives et audacieuses. [...] En réduisant à sa plus simple expression la trace des éléments constitutifs de la gravure à la pointe sèche – papier, empreinte de la plaque matrice, empreinte du motif incisé et de la barbe –, l'artiste en célèbre le caractère expressif.* »

Michèle Grandbois, catalogue de l'exposition « L'art québécois de l'estampe 1945-1990, Une aventure, une époque, une collection »
Musée du Québec, 1996.

NOTES BIOGRAPHIQUES

1934

Naissance d'Yves Gaucher à Montréal.

1951

Gaucher travaille comme dessinateur de plans de cargo pour une compagnie de navigation.

1954

Il rencontre Arthur Lismer qui l'encourage à s'inscrire à l'École des beaux-arts de Montréal.

1956

Il est renvoyé de l'école pour insubordination. Il continue à travailler seul.

1957

Première exposition solo. Jouissant d'un statut spécial, il étudie la gravure avec Albert Dumouchel jusqu'en 1960. Il voyage au Mexique. Début des voyages à New York; le jour, il fréquente les galeries et les musées et le soir, les boîtes de jazz. Il s'intéresse à l'art et aux philosophies orientales.

1958

Il délaisse peu à peu la peinture pour la gravure.

1959

Il passe l'hiver sur un voilier aux Bahamas. Prix de la gravure au Salon de la jeune peinture, à Montréal.

1960

Premières expériences avec l'impression en creux et en relief dans son atelier personnel. Il fonde l'éphémère Association des peintres-graveurs de Montréal et en assure la présidence.

1961

Deuxième prix de la National Print Competition, Burnaby, C.B. Premier prix aux Concours artistiques du Québec.

1962

Il voyage en Europe. Il y fait la découverte de la musique de Webern. Prix d'acquisition à The Winnipeg Biennial. Bourse du Conseil des arts du Canada.

1963

Les œuvres deviennent entièrement formelles. Début des Webern. Premier prix des Concours artistiques du Québec. Mention honorable à la Biennale américaine de gravure, Santiago, Chili. Deux prix au Salon du printemps, Montréal. Prix de l'exposition, The Thomas Moore Institute, Montréal. Première exposition solo à la Martha Jackson Gallery de New York.

1964

Il revient à la peinture. Deuxième prix à la Triennale internationale de gravure, Grenchen, Suisse.

1965

Il se marie avec Germaine Chaussé. Il s'installe dans un grand atelier au 3, rue Saint-Paul Ouest, à Montréal; édifice qu'il partage avec Charles Gagnon et Jean

McEwen. Prix de l'exposition à la vente aux enchères du comité féminin, Musée des beaux-arts de Montréal.

Il est nommé professeur-assistant de beaux-arts à l'Université Sir George Williams à Montréal. Betty Goodwin, Jana Sterback (le manteau de viande), Mark Prent sont parmi les nombreux artistes inscrits à son cours de gravure. Avec Mousseau, il est un des membres fondateurs de l'Association des artistes professionnels du Québec.

Il voyage en Europe. Il reçoit la médaille centennale du Canada et une bourse du Conseil des arts du Canada. Début de la période des tableaux gris.

Grand prix décerné par un jury international à l'exposition *Sondage 68* tenue au Musée des beaux-arts de Montréal. Naissance de son fils, Benoît. Il est artiste invité au programme des Maîtres en musique électronique de l'Université McGill, Montréal.

Il reçoit quantité de critiques élogieuses au sujet de ses tableaux gris. Il poursuit ses expériences sur la musique électroacoustique à McGill.

Il devient professeur agrégé à l'Université Sir George Williams de Montréal. Naissance de son second fils, Denis. Il siège à titre de conseiller du comité consultatif du Conseil des arts du Canada, mandat de trois ans.

Il reçoit une bourse du Conseil des arts du Canada. Il voyage au Canada pour le comité d'acquisition de la Banque d'œuvres d'art.

1972

Lors d'un premier voyage au Yucatán, il s'éprend de culture précolombienne.

1973

Il est membre de divers jurys, comités d'acquisition et comités de bourses au Canada. Il débute la série de tableaux avec des bandes de couleur.

1974

Il voyage au Yucatán et entreprend de rassembler une documentation photographique des cités mayas.

1975

Congé sabbatique de l'université. Il voyage en Égypte et s'intéresse aux pyramides, aux temples et aux mastabas.

1976

Il voyage en Afrique du Nord et s'intéresse à l'architecture islamique.

1977

Il voyage au Yucatán et dans le Chiapas. Il est nommé membre du comité de direction de la Canadian Society for Arts Publications à Toronto. Il déménage son atelier sur la rue de Bullion à Montréal où il travaille toujours.

1978

Il voyage au Guatemala et au Belize. Début de la série Jéricho.

1980

Il reçoit la médaille de l'Ordre du Canada. Il devient professeur titulaire à l'Université Concordia.

1983

Début de la série des tableaux carrés.

Il est membre du comité de sélection des artistes pour le programme d'intégration art et architecture du gouvernement du Québec (1 %), mandat de trois ans. Il voyage en Chine, visite des musées et des sites archéologiques.

Début de la série des tableaux foncés.

Début de la série des tableaux pâles. Il est membre du comité consultatif de la programmation du Musée d'art contemporain de Montréal, mandat de trois ans.

Publication de l'essai de James D. Campbell *The Asymmetric vision*. Il visite d'autres sites mayas.

Il reçoit le prix du Canada Council Senior Artist.

Il voyage au Japon et en Asie, visitant spécialement les temples et jardins zen de Kyoto. Il installe une murale commandée pour l'entrée principale du Musée des beaux-arts de l'Ontario à Toronto.

Le Musée des beaux-arts du Canada met une salle à sa disposition pour une année. Il en fait une sorte d'exposition progressive qui varie au fil du temps.

PRINCIPALES EXPOSITIONS

1957

— Galerie l'Échange, Montréal

1960

LA RELÈVE, Montréal

LE 3ᴱ SALON DE LA JEUNE PEINTURE, Montréal

1961

LA BIENNALE DE PARIS

IVᴱ BIENNALE INTERNATIONALE DE GRAVURE, Ljubljana, Yougoslavie

GRAVURE EUROPÉENNE ET CANADIENNE, Galerie Agnès Lefort, Montréal

VANCOUVER PRINT COMPETITION, Burnaby, Colombie-Britannique

1962

VIIᴱ BIENNALE DE GRAVURE, Lugano, Suisse

BIENNALE INTERNATIONALE DE GRAVURE, Tokyo, Japon

10 CANADIAN PRINTMAKERS, Pratt Institute, New York

CONTEMPORARY CANADIAN ART, Albright-Knox Art Gallery, Buffalo

Galerie Agnès Lefort, Montréal

L'emploi du long tiret (—) indique une exposition en solo.

— Galerie Agnès Lefort, Montréal
— Gallery Moos, Toronto
— Benjamin Galleries, Chicago
— Martha Jackson Gallery, New York
CONTEMPORARY ART OF THE AMERICAS AND SPAIN, Madrid
JUNGE KUNST DER WELT, Vienne
INTERNATIONAL PRINT EXHIBITION, Osaka, Japon
VTH INTERNATIONAL GRAPHICS BIENNIAL,
Ljubljana, Yougoslavie
INTERNATIONAL COLLECTION OF PRINTS,
Albertina Museum, Vienne
1ST AMERICAN BIENNIAL OF PRINTS, Santiago, Chili
MEMBERS' LOAN GALLERY ACQUISITIONS,
Albright-Knox Art Gallery, Buffalo

CONTEMPORARY PAINTERS AND SCULPTORS AS PRINTMAKERS,
Museum of Modern Art, New York
TRIENNALE INTERNATIONALE DE GRAVURE, Grenchen, Suisse
GRABADO CANADIENSE, Instituto de Arte Contemporaneo,
Lima, Pérou

— DANSES CARRÉES, Galerie Agnès Lefort, Montréal
ART TO-DAY, Albright-Knox Art Gallery, Buffalo
VIBRATIONS II, Martha Jackson Gallery, New York
THE DECEIVED EYE, Fort Worth Art Center, Texas
OPTICS, ILLUSION AND ART, University of Kansas
OPTICS AND KINETICS, Ohio State University, Colombus
1 PLUS II EQUALS 3, University of Texas, Austin
VITH INTERNATIONAL BIENNIAL OF PRINTS,
Ljubljana, Yougoslavie

1966

— Gallery Moos, Toronto
— Martha Jackson Gallery, New York
INTERNATIONAL SELECTION OF PRINTS,
Musée d'art moderne de Prague, Tchécoslovaquie
1ST INTERNATIONAL BIENNIAL OF PRINTS, Cracovie, Pologne
XXXIII VENICE BIENALE, Venise, Italie

1967

— RAGAS, Galerie Agnès Lefort, Montréal
— Winnipeg Art Gallery, Winnipeg
YOUNG INTERNATIONAL ARTISTS, Tokyo, Japon
CANADA 67, Institute of Contemporary Art, Boston
CARNEGIE INTERNATIONAL, Pittsburgh
EXPO 67, Montréal

1968

CANADA 101, Edinburgh Festival, Écosse
CANADA – ART D'AUJOURD'HUI,
Palais des beaux-arts, Bruxelles
MAJOR PAINTINGS OF YESTERDAY AND TODAY,
Université Sir George Williams, Montréal
SONDAGE 68, Musée des beaux-arts de Montréal
BIENNALE DU CANADA,
Musée des beaux-arts du Canada, Ottawa

1969

— YVES GAUCHER : THE GREY PAINTINGS, expo itinérante,
Vancouver Art Gallery, Edmonton Art Gallery,
Whitechapel Art Gallery, Londres
— TABLEAUX GRIS, Galerie Godard-Lefort, Montréal
HOMAGE TO SILENCE, Innsbruck, Autriche
VII INTERNATIONAL DIBUIX JOAN MIRÓ, Barcelone, Espagne
19 ARTISTES CANADIENS,
expo itinérante, Paris, Rome, Genève

1970

— Université Sir George Williams, Montréal
— Gallery Moos, Toronto
DRAWING RECONSIDERED,
Institute of Contemporary Art, Boston
EXPO 70, Osaka, Japon
GRANDS FORMATS, Musée d'art contemporain, Montréal

1971

— University of Manitoba, Winnipeg

1972

— Galerie Godard-Lefort, Montréal
— Marlborough-Godard Gallery, Toronto

1973

— BLUE PAINTINGS, Galerie Marlborough-Godard, Montréal

1974

ASPECTS OF CANADIAN ART, Members' Gallery,
Albright-Knox Art Gallery, Buffalo
THIRTEEN ARTISTS FROM MARLBOROUGH-GODARD,
Marlborough Gallery, New York

1975

— The New York Cultural Center, New York
— Marlborough-Godard Gallery, Toronto
GAGNON, GAUCHER, MCEWEN, Mount Allison University,
+ molinari   Sackville, Nouveau-Brunswick

1976

— YVES GAUCHER, PERSPECTIVE 1963-1976,
Musée d'art contemporain, Montréal
3 GÉNÉRATIONS D'ART QUÉBÉCOIS,
Musée d'art contemporain, Montréal

115

111 DESSINS DU QUÉBEC,
Musée d'art contemporain, Montréal

1977

— The Mira Godard Gallery, Toronto
2ND EXHIBITION OF WORKS ON PAPER,
Dalhousie University, Halifax
TABLEAUX IMPORTANTS DU QUÉBEC, Galerie B, Montréal

1978

— Exposition itinérante organisée par le Department of
External Affairs, Washington, D.C.
MODERN PAINTING IN CANADA, Edmonton Art Gallery
YVES GAUCHER AND CHRISTOPHER PRATT, A TOURING
EXHIBITION OF PRINTS, The Vancouver Art Gallery

1979

— Waddington Galleries, Toronto
— YVES GAUCHER : A FIFTEEN YEAR PERSPECTIVE 1963-1978,
Art Gallery of Ontario, Toronto, The Glenbow Museum,
Calgary

1980

— YVES GAUCHER : LES JÉRICHO,
Musée d'art contemporain, Montréal
LA SEMAINE DE LA GRAVURE, Galerie Graff, Montréal
A CANADIAN SURVEY, Art Gallery of Ontario, Toronto
CANADIAN PRINTMAKING, Tokyo

1981

Galerie Yajima, Montréal
CONTEMPORARY CANADIAN PAINTINGS,
Adelphi University, New York
6 ARTISTES CANADIENS, Musée des beaux-arts de Montréal
A CANADIAN SURVEY,
expo itinérante de la banque Toronto-Dominion

Installation murale, Nova Corporation, Calgary
PHOTOGRAPHIES D'ARTISTES, Galerie France Morin, Montréal
RECENT CANADIAN PRINTS,
Art Gallery of Ontario, Toronto

— YVES GAUCHER : TABLEAUX ET GRAVURES, Centre culturel
du Canada, expo itinérante, Paris, Londres, Bruxelles
INTERNATIONAL GRAPHICS, Galleria Fenici, Vallette, Malte

ŒUVRES IMPORTANTES DES ANNÉES SOIXANTE,
Galerie Don Stewart, Montréal
ŒUVRES IMPORTANTES DE MAÎTRES QUÉBÉCOIS,
Galerie Waddington & Gorce, Montréal

— SQUARE PAINTINGS, Olga Korper Gallery, Toronto
MONTREAL PAINTING, A SECOND LOOK,
Memorial University, St. John's, Terre-Neuve
20 ANS DU MAC, Musée d'art contemporain, Montréal
BIENNALE DE LA FACULTÉ DES BEAUX-ARTS,
Université Concordia, Montréal
PRÉSENCE DE LA PEINTURE CANADIENNE,
Centre culturel canadien, Paris
POST-WAR CANADIAN ART EXHIBITED IN SWISS MUSEUMS,
Swiss Bank Corp., Toronto
Olga Korper Gallery, Toronto

— WORKS ON PAPER, Olga Korper Gallery, Toronto
— Galerie Esperanza, Montréal
KÖHLN ART FAIR, Cologne, Allemagne
FOKUS – CANADIAN INVITATIONAL, Köhlnmesse,
Cologne, Allemagne

1987

Installation murale, Cineplex Odeon, Washington, D.C.

CHICAGO ART FAIR

PAINTING THE TOWN, expo itinérante organisée
par la Manufacturers' Life Insurance Company

À PROPOS D'UNE PEINTURE DES ANNÉES SOIXANTE,
Musée d'art contemporain, Montréal

1988

— DARK PAINTINGS, Olga Korper Gallery, Toronto

Galerie Waddington & Gorce, Montréal

15TH ANNIVERSARY GROUP SHOW,
Olga Korper Gallery, Toronto

L'ARTISTE AU JARDIN, Musée régional de Rimouski

1989

— PALE PAINTINGS, Olga Korper Gallery, Toronto

— 49th Parallel Center for Contemporary
Canadian Art, New York

LIVING IMPRESSIONS, Art Gallery of Hamilton

MONTREAL PAINTING OF THE 1960s,
Americas Society Art Gallery, New York

INAUGURAL EXIBITION, Olga Korper Gallery, Toronto

L'HISTOIRE ET LA MÉMOIRE,
Musée d'art contemporain, Montréal

1990

— Galerie Brenda Wallace, Montréal

1991

MONTRÉAL SUR PAPIER, Centre Saidye Bronfman, Montréal

UN ARCHIPEL DE DÉSIRS, Musée du Québec, Québec

THE EMPIRICAL PRESENCE, Galerie Optica, Montréal

25E ANNIVERSAIRE DU CONSEIL DE LA PEINTURE DU QUÉBEC,
Maison de la culture Côte-des-Neiges, Montréal

— THE GREY PAINTINGS : 25 YEARS,
Olga Korper Gallery, Toronto

— ASPECTS OF YVES GAUCHER'S ART 1978-92,
The Power Plant Gallery, Toronto

ESPACE-DESSIN, maison Hamel-Bruneau, Sainte-Foy

EXPO-RÉTROSPECTIVE OPTICA, Galerie Optica, Montréal

LE TABLEAU INAUGURAL,
Musée d'art contemporain, Montréal

L'ANARCHIE RESPLENDISSANTE DE LA PEINTURE,
Galerie de l'UQAM, Montréal

WORKS ON PAPER, Olga Korper Gallery, Toronto

TRANSFERTS ET TRANSFUSIONS, Galerie Graff, Montréal

1993

— SMALL PAINTINGS, Olga Korper Gallery, Toronto

— ROUGE, Galerie de l'Université de Sherbrooke

APERÇU DE LA GRAVURE AU QUÉBEC,
Galerie Trois points, Montréal

THE DRABINSKY COLLECTION, (1 & 2),
Drabinsky Gallery, Toronto

ART PROMENADE, Galerie Waddington & Gorce, Montréal

L'EXPLOSION DE L'ART MODERNE AU QUÉBEC,
Galerie Michel Bigué, Saint-Sauveur

MOMENTS CHOISIS, Galerie de l'UQAM, Montréal

1994

DE WEBERN ET DE L'IDENTITÉ, Maison de la culture
de Notre-Dame-de-Grâce, Montréal

IMPRIMATUR, Galerie de l'UQAM,
Centre Saidye Bronfman, Galerie Graff, Montréal

L'ABSTRACTION À MONTRÉAL 1950-1970,
Galerie Simon Blais, Montréal

A SELECTION OF RECENT ACQUISITIONS,
Leonard & Bina Ellen Art Gallery, Montréal

LA COLLECTION LAVALIN,
Musée d'art contemporain, Montréal

PEINTURE ABSTRAITE À MONTRÉAL DE 1969 À 1990,
Galerie Laval, Québec

HIDDEN VALUES, McMichael Canadian Art Collection,
Kleinburg, Ontario

1995

— YVES GAUCHER : ŒUVRES RÉCENTES,
Université Concordia, Montréal

THE TABLE PROJECT, The Power Plant Gallery, Toronto

Gallery Artists, Costin & Klintworth Gallery, Toronto

1996

— YVES GAUCHER : PROFIL, 40 ANS DE GRAVURE 1957-1996,
Galerie Simon Blais, Montréal

— Installation, Costin & Klintworth Gallery, Toronto

— Installation, Musée des beaux-arts, Ottawa

L'ART QUÉBÉCOIS DE L'ESTAMPE 1945-1990,
Musée du Québec, Québec

AVOIR TRENTE ANS, C'EST GRAFF, Galerie Graff, Montréal

FIRE AND ICE, Art Gallery of Mississauga, Ontario

ŒUVRES-PHARES, PEINTURES ET SCULPTURES MAJEURES,
Musée d'art contemporain, Montréal

En préparation (1998)

— Rétrospective des œuvres sur papier,
Musée du Québec, Québec

COLLECTIONS

COLLECTIONS PUBLIQUES À L'EXTÉRIEUR DU CANADA

Art Institute of Chicago

Museum of Modern Art, New York

Rose Art Museum, Brandeis University, Waltham, Massachusetts

Library of Congress, Washington, D.C.

Victoria and Albert Museum, Londres

William Humphreys Gallery, Kimberley, Afrique du Sud

Bundy Art Museum, Wakefield, Utah

Kansas State University, Manhattan

Museum of Contemporay Art, Dallas

Robert Hull Fleming Museum, Burlington, Vermont

Museum of Modern Art, Skopje, Yougoslavie

Cineplex Odeon Corporation, Washington, D.C.

American Potash and Chemicals, New York

International Mineral and Chemicals Corporation, Skoki, États-Unis

COLLECTIONS PUBLIQUES CANADIENNES

Musée des beaux-arts du Canada, Ottawa

Art Gallery of Ontario, Toronto

Musée des beaux-arts de Montréal

Musée d'art contemporain de Montréal
Vancouver Art Gallery
Edmonton Art Gallery
Glenbow Museum, Calgary
Confederation Art Gallery, Charlottetown
Université Concordia, Montréal
University of Western Ontario, London
Willistead Art Gallery, London
Agnes Etherington Art Centre, Kingston
Ministère des Affaires étrangères, Ottawa
Hart House, University of Toronto
York University, Toronto
London Regional Art Gallery
Art Gallery of Kitchener-Waterloo
Art Gallery of Hamilton
Conseil des arts du Canada, Ottawa
Musée du Québec, Québec
Université de Moncton
Norman MacKenzie Art Gallery, Regina
Mendel Art Gallery, Saskatoon
Regina Public Library
University of British Columbia, Vancouver
Winnipeg Art Gallery
Tom Thomson Memorial Gallery, Owen Sound

COLLECTIONS DE SOCIÉTÉS CANADIENNES

Cineplex Odeon, Toronto
Toronto Dominion Bank, Toronto
Esso Canada, Toronto
Canadian Industries Limited, Montréal

Banque Royale du Canada, Montréal
Kensington Industries Inc., Toronto
Loto Québec, Montréal
Organisation de l'aviation civile internationale, Montréal
Guarantee Trust, Toronto
Xerox Canada, Toronto
Bryker Data Systems, Toronto
Tory, Tory, Deslauriers & Binnington, Toronto
Ballem, McDill, McInnes, Calgary
First Marathon Securities Limited, Toronto
Martineau Walker, Montréal
Nova Corporation, Calgary
Osler, Hoskin & Harcourt, Toronto
Clarkson, Gordon, Toronto
McCarthy & McCarthy, Toronto
London Life Insurance Co., Toronto
Marcus, Parnega, McNamara, Ottawa
Manulife Insurance Co., Toronto
Air Canada, Montréal
Workers' Compensation Board, Toronto
First City Trust, Toronto
Council Trust Corporation, Toronto
The Royal Bank of Canada, Toronto
Sun Life Insurance Co., Toronto
Norcen Energy Co., Toronto
The Mercantile Life Insurance Co., Toronto

Les œuvres de Gaucher font également partie des plus prestigieuses collections privées, au Canada et à l'étranger.

LEXIQUE

Aussi incroyable que cela puisse paraître en cette époque où le moindre logiciel de graphisme offre instantanément des possibilités infinies, il y a encore des artistes qui utilisent des techniques d'un autre temps. J'ai préparé ce petit lexique à l'intention du lecteur qui connaîtrait mal ces *archaïsmes*.

Bon à tirer : épreuve imprimée qui satisfait le créateur d'une œuvre et qui va servir de modèle pour l'impression, les deux éléments tenant plus du vœu pieux que de la réalité.

Coup de planche (cuvette ou bassin) : empreinte laissée sur le papier par le pourtour d'une plaque au moment de l'impression.

Eau-forte : procédé de gravure qui consiste à faire mordre par un acide une surface de métal dont on aura attaqué le vernis au moyen d'une pointe d'acier ou d'un autre outil. Le temps plus ou moins long que passe la plaque dans l'acide nitrique va déterminer la profondeur du trait et le niveau d'intoxication de l'artiste ou de l'imprimeur, le cas échéant.

Estampe : nom générique donné à toute image imprimée au moyen d'une planche. Ne pas confondre avec *étampe* qui est un outil servant à étamper, ni avec *Étampes* qui est une jolie ville d'Île de France.

Gravure en creux : procédé de gravure qui consiste à faire sur une plaque des creux destinés à recevoir l'encre.

Gravure en relief : procédé de gravure qui consiste également à faire des creux, mais dont les reliefs sont destinés à recevoir l'encre.

Gravure sur bois de fil : procédé de la gravure qui utilise le bois dans le sens des fibres et sur lequel l'artiste fait des creux et encre les reliefs. (!)

Impression en relief : procédé de la gravure en relief qui fait épouser au papier les formes des différents éléments de la plaque.

Laminage : procédé de superposition et de collage de feuilles de papier, utilisé pour augmenter la résistance sous la presse ou comme élément formel. Il faut toutefois éviter de dire : « Ah, le beau laminage de Gaucher », l'expression convenant mieux aux affiches.

Linoléum : matériau bon marché, appelé populairement, mais à tort, *prélart*, qui grâce à sa masse homogène sert de support ou de surface à graver.

Martelage : procédé d'embossage d'une surface de métal sur une enclume au moyen de n'importe quel objet se trouvant à portée de main d'un artiste.

Pointe sèche : outil de taille à pointe affûtée. Le terme désigne indifféremment l'outil, le procédé ou son résultat imprimé.

Sérigraphie : technique d'impression utilisant des écrans de soie dont la trame est bouchée aux endroits qui ne doivent pas laisser passer l'encre.

TABLE DES MATIÈRES

AUTOUR DE...

Cette collection se veut une excursion intimiste, un ensemble de points de vue subjectifs, réunis pour mieux connaître une personnalité marquante de quelque secteur que ce soit.

☐ AUTOUR DE JEAN McEWEN
Gaston Roberge

☐ AUTOUR DE MARCELLE FERRON
Gaston Roberge

☐ AUTOUR DE H.W. « JIMMY » JONES
Bernard Tanguay

Il a été tiré de cet ouvrage vingt-cinq exemplaires numérotés de 1 à 25 et six exemplaires hors commerce numérotés de H.C. I à H.C. VI, le tout constituant l'édition originale.

Chaque exemplaire, signé par l'auteur et l'artiste, est accompagné d'une estampe originale également signée et datée par l'artiste. *Profils*, impression sur bois de fil en deux couleurs sur papier Goyu collé sur papier Usukuchi, laminé sur BFK Rives, 1996, 13 cm x 41 cm, imprimé à l'Atelier Danielle Blouin.

Achevé d'imprimer
en septembre 1996 sur les presses
de l'imprimerie H.L.N.,
de Sherbrooke.